JN034255

北樹出版

目次

地球社会学の構想

広重徹『科学の社会史』――科学批判の原点

広重徹は『科学の社会史』（中央公論社、一九七三年）において、「社会のなかの科学」を「体制化した科学」ととらえ、現代科学のあり方を、その社会的存在様式に着目して「科学の体制的構造」として定式化している。

ここで科学の体制的構造とよんだのは、広い意味での科学的活動、すなわち科学の研究・教育とそれに付随する活動を維持し、発展させるために社会的につくりあげられている組織の全体のことである。この体制的構造をひとことで特徴づけるなら、国家を中核とした科学・産業・国家（軍事を含む）の一体化ということができよう。[1]

このように科学が国家と産業のそれぞれに包摂され、研究開発において国家と産業が癒着することによって、国家・産業・科学の三位一体ができあがる。科学はこんにちの社会体制をしてまさに体制たらしめる、本質的契機の一つとなったのである。こんにちの科学は現存の社会体制の隅々にまではいりこみ、それを維持する不可欠の要素となった。そしてその結果として逆に、科学の全活動はこの体制に全面的に依存し、それから規定されるのである。このような事態をさして、「科学の体制化」とよぶことができよう[2]。

このような体制的構造のもとでは、科学者はもはや体制に依存し、体制の維持を任務とするテクノクラートとしてしか存在しえない。そしてそのような体制化した科学と科学者のあり方が、現代科学の「野放図な、反人民的な発展」を許しているのである。このような科学と科学者のあり方に対して、広重は「科学の前線配置」を変えなければならず、そのために「科学のコントロールの主導権を資本や国家からわれわれの手にとりもどす努力が必要である」と指摘し、科学は「全人民的なコントロールのもとにおかれねばならない」と主張する[3]。

広重にとって、科学の体制的構造はまさに目の前に出現しつつある構造であった。しかし今日の科学者たちにとって、それはもはやあまりにも日常的な風景でしかない。そしてそれゆえに、そのことを意識することもない。体制の維持のために「反人民的」な行為を行って恥じることのない専門家の姿は、もはやあまりにもありふれた光景であるといえよう。そこに専門家への根強い不信が生じる原因がある。だからこそ、自閉的な専門家集団の自律性に委ねることはできず、科学への社会的なコントロールが喫緊の課題となるのである。その意味で、広重の指摘は今もなおその妥当性を失っていない。それは科学批判の原点として屹立している。

ぼくと広重科学史との出会いは、筑波研究学園都市（現・つくば市）に建設されたばかりの高エネルギー物理学研究所（現・高エネルギー加速器研究機構）で、京大の大学院生として素粒子物理学の実験に従事しているときであった。[4] 素粒子物理学は基礎科学であるとともに巨大科学でもあり、巨大な組織や巨額の資金、多数の人員を必要とする研究分野である。高エネルギー物理学研究所は、そのような素粒子物理学の日本における最初の本格的な研究所であった。そんな巨大科学の現場で、科学者としての方向感覚を失いかけていたぼくにとって、それは闇夜を照らす一条の光であった。

科学の体制的構造がその姿を現しつつあったとき、科学者たちはそれを科学と科学者に対する外在的な桎梏と見なすことしかできなかった。しかし広重はそれを近代科学の自然観と方法論に呼応する内在的な構造をもったものと考えた。要素論的近代科学の自然観と方法論が、科学の体制的構造の出現を不可避なものとしたのである。それは近代科学の枠組みによって管理された科学の構造の高度に完成された形態にほかならなかった。しかし科学のあり方がそのようなものでしかないとしたら、内在的な要因による科学の前線配置の変更は不可能であるといわざるをえない。

今日の科学者たちはむしろ科学への全人民的なコントロールをこそ、科学と科学者に対する外在的な桎梏と感じるであろう。そしてそのような科学者たちの無自覚なあり方が、厳しく批判されなければばならないことはいうまでもない。しかし要素論的近代科学以外に科学のあり方を考えることができないとしたら、それだけでは科学と科学者への外在的批判にとどまるしかないであろう。そこには科学の前線配置の変更を可能にする内的契機が欠落しているからである。広重科学史のなかに要素論的近代科学に代わる科学のあり方を見出すことはできない。そこに広重科学史のアポリアがあった。

広重科学史の枠組みにおいては、現代科学は要素論的近代科学の延長線上にその量的拡大としてとらえられている。科学の体制的構造はそのような近代科学の枠組みで管理された科学の構造の高度に発達した極限的形態としてある。そこに現代科学と近代科学を区別する指標はない。両者はその社会的存在様式によってのみ区別されているにすぎない。自然観と方法論のレベルではむしろ両者の連続性が強調されている。しかし量子論的現代科学の自然観と方法論は、要素論的近代科学の自然観と方法論とは明確に異なったものである。[5] そしてそこにこそ科学の前線配置の変更を可能にする内的契機がある。広重はそのことに十分自覚的であったとはいえない。

二〇世紀に登場した相対論と量子論、とりわけ量子仮説の提唱から量子力学の建設にいたる量子論の展開は、要素論的近代科学のあり方を根底から揺るがすものとなった。量子力学の成立は要素論的近代科学と明確に区別された現代科学の誕生であった。そしてそのような量子論的現代科学の成果を媒介することによってのみ、科学の体制的構造はその完成した形態を実現することができたのである。そこには現代科学の成果を近代科学の枠組みで管理する構造がある。[6] 科学の体制的構造はその内部に現代科学の成果が増殖していく構造を含み、それゆえに近代科学の枠組みの存続を揺るがすものとなっていた。

　現代科学はそのようなものであることによって、現代社会に極めて大きな影響をおよぼすものとなっている。それは現代社会の構造的変容をうながすものにほかならない。しかしそれは単なる〈観念〉や〈知識〉のレベルでのみ、現代社会に影響をおよぼしているわけではない。現代科学の成果はすでに具体的な〈道具〉や〈装置〉として、日常生活のなかに流通し、それらを通じて現代社会に極めて大きな影響をおよぼしているからである。そこに現代科学の客観的構造があることを見落としてはならないであろう。今日の科学者たちがそのことに無自覚であることは否定すべくもない事実である。その点において、広重の批判は今もなおその有効性を失っていない。

　しかし現代科学の客観的構造がつくりだす状況は、科学者たちの主観的な自意識や思いをこえて、科学の前線配置の変更を不可避なものにしている。そこには要素論的近代科学から量子論的現代科学への転回がある。科学への全人民的なコントロールはそこにおいてのみ可能になるものといえよう。広重には要素論的近代科学から量子論的現代科学への転回に秘められた巨大な可能性が理解できていなかったように思われてならない。その一点を見届けることなしに、科学への全人民的なコントロールを語っても、歴史的世界の論理的構造のなかに客観的な根拠をもつことはできないであろう。

　広重は科学史における学説史と社会史の統一を究極の目標としていた。しかし広重科学史のなかにこの両者の統一を可能にする内的契機を見出すことはできない。広重科学史には出口がない。そこに要素論的近代科学以外の科学のあり方を考えることができず、それゆえに要素論的近代科学の批判に終始するしかなかった広重科学史の限界がある。量子論的現代科学への評価が著しく低く、それを要素論的近代科学の外延に位置づけることしかできていない点が、広重科学史に一貫した特徴である。(7) しかしそれでは学説史と社会史の統一は不可能である。

科学の体制的構造は現代科学の成果を媒介として、近代科学の枠組みで管理された科学の構造を完成させたものにほかならない。したがってそこには現代科学の成果を近代科学の枠組みで管理する構造があり、近代科学の枠内で現代科学の研究を促進する構造があった。そしてそのような構造のもとで現代科学の研究は飛躍的に進み、その成果は相次いで実用化が図られていった。科学の体制的構造の成立は、現代科学の成果が国家の所有物になったことを意味していた。しかしそれは同時に、国家が自らの内にそれとして自覚することなく、自己を相対化する契機を抱え込んだことにほかならなかった。

そこに歴史の弁証法がある。科学の体制的構造はこのような歴史の弁証法につらぬかれていた。近代科学の枠組みのなかに大量に導入された現代科学の成果こそ、そのような歴史の弁証法を駆動する原動力にほかならなかった。科学者たちは今もなおそのことに無自覚なままである。しかしそのことはそのような客観的構造の不在を証するものではない。科学の体制的構造をつらぬく歴史の弁証法に無自覚であったという点では、広重も他の大多数の科学者たちと同罪であった。

（1）広重徹『科学の社会史』（中央公論社、一九七三年）一一頁。
（2）同右書、一三頁。
（3）同右書、三三三頁参照。
（4）拙著『全共闘運動の思想的総括』（北樹出版、二〇一〇年）三三九―三四三頁参照。
（5）同右書、七九―九五頁参照。
（6）同右書、九六―一一二頁参照。
（7）広重徹『科学と歴史』（みすず書房、一九六五年）二六九―二七〇頁、他参照。

内村鑑三と西田幾多郎——天皇制国家における異端の系譜

一

西田幾多郎が四高を中退したのは一八九〇（明治二三）年春のことであった。その年の一〇月三〇日には「教育勅語」が発布され、教育の国家主義的統制は一つの完成された姿を見せていた。それは文部大臣森有礼によって推進されてきた教育の天皇制国家への統合の終着駅であった。旧制高校から帝国大学へという高等教育にも天皇制国家のタガがはめられることとなった。石川県専門学校が第四高等中学校（後の第四高等学校）へと改編されたのも、そのような高等教育の国家主義的再編の一環としてであった。

私が十三四の頃、金沢に出た時、金沢に石川県専門学校という学校があった。初等中学という四年の予科と、その上に法理文の専門部があって、七年の学校であった。明治の初年或は旧藩の頃から設立せられたもので、名は色々と変わったらしいが、当時に於て外国語で専門の学業を授ける学校であった。東京を除いて、地方では、その頃、此種の学校は殆んど他になかったろうと思う。[1]

それが第四高等中学校となってから、校風が一変した。つまり一地方の家族的な学校から天下の学校となったのである。当時の文部大臣は森有礼という薩摩隼人であって、金沢に薩摩隼人の教育を注入するというので、初代校長として鹿児島で県会議長をしていた柏木という人をよこした。その校長についてきた幹事とか舎監とかいうのは、皆薩摩隼人で警察官などをしていた人々であった。師弟の間に親しみのあった暖な学校から、忽ち規則づくめな武断的な学校に変じた。我々は学問文芸にあこがれ、極めて進歩的な思想を抱いていたのであるが、学校ではそういう方向が喜ばれなかった。[2]

四高の学生時代というのは、私の生涯に於て最も愉快な時期であった。青年の客気に任せて豪放不羈、何の顧慮するところもなく振舞うた。その結果、半途にして学校を退く様になった。[3]

それは西田における近代的自我の目覚めであった。そしてその目覚めたばかりの近代的自我は、完成された姿を現しつつあった天皇制国家の枠組みと衝突した。西田の四高中退は天皇制国家の枠組みとの妥協を拒否したことを意味していた。その翌年の一八九一（明治二四）年一月九日、第一高等中学校（後の第一高等学校）講師の内村鑑三は「教育勅語」の奉読式において、勅語への礼拝を拒否する「不敬事件」を起こし、一高講師の職を辞するのやむなきに至った。キリスト教の信仰を媒介として近代的自我を確立した内村にとって、天皇制国家の枠組みに屈することなどできるはずもなかった。

西田の四高中退と内村の一高辞職という二つの出来事は、一八九〇（明治二三）年一〇月三〇日の「教育勅語」の発布を挟んで起こった共通の構造をもった事件であった。西田が四高中退の資格で東大哲学科の選科に入学したのは、内村不敬事件と同じ年の一八九一（明治二四）年九月のことであった。西田の思想形成は内村が天皇制国家の枠組みと衝突したまさにその地点を起点として始められた。

二

不敬事件に対して一高の教師や学生のなかから強い内村排斥の動きが起こったが、その中心人物の一人に北条時敬がいた。彼は東大数学科を卒業後、四高の数学教師を振り出しに一高教授、山口高校校長、四高校長、広島高等師範校長、東北帝大総長を歴任した教育行政家であり、西田が生涯を通じてただひとり師と仰いだ人物であった。西田が禅に触れたのも北条時敬を通じてであった。

西田が四高中退から東大選科へというコースを選んだとき、そのような正統を外れた学業の形をきびしく批判したのも彼であった。天皇制国家の枠組みに忠実に生きた教育行政家にして在家の禅者でもあった北条は、西田が天皇制国家の枠組みから逸脱することを危惧したのであろう。内村と西田は近代的自我の自覚に徹しようとして天皇制国家の枠組みと衝突した点で共通した要素をもっている。またキリスト教と禅という形で宗教的体験と思想形成が深い関わりをもっている点にも共通項がある。その意味で西田は内村の継承者ということもできよう。

内村にとって札幌におけるキリスト教との出会いは近代的自我の目覚めであった。そしてアマーストにおける「回心」は近代的自我の限界の自覚であり、近代的自我の限界の自覚に媒介された近代的自我の自覚としてあった。その近代的自我の自覚が天皇制国家の枠組みとの衝突を引き起こした。そしてそれは内村の天皇制国家におけるアウトサイダーとしての運命を決定づけるものとなった[(4)]。西田における近代的自我の自覚が天皇制国家の枠組みと衝突したとき、その近代的自我は目覚めたばかりであった。そこには近代的自我の限界の自覚があった。目覚めたばかりの近代的自我は目覚めると同時に、近代的自我の限界の自覚に直面することを余儀なくされた。

旧制高校から帝国大学へという教育課程は近代的自我の自覚を促すとともに、それを天皇制国家の枠内に馴致するものとしてあった。そして自らの限界を自覚し天皇制国家の枠組みに忠誠を示した近代的自我には、そこにおけるインサイダーとして栄達の道が保証された。西田は四高を中退することによって、そのような天皇制国家の枠組みとの妥協を拒否した。西田はその後も天皇制国家におけるアウトサイダーとしての意識をもち続けた。そこには近代的自我の限界の自覚を踏まえつつ、なお近代的自我の自覚を追求しようとする姿勢がある。

そのような近代的自我の限界の自覚は西田を禅へと導いていった。彼は雪門老師のもとで参禅を続けついに「見性」を得るに至った。それは近代的自我の限界の自覚に媒介された近代的自我の自覚であった。西田幾多郎の哲学的思索はそこから始まった。それは近代的自我の限界の自覚に媒介された近代的自我の自覚に哲学的表現を与えるものとしてある。西田の「見性」には内村の「回心」に通底する思想的構造を見てとることができるであろう。そこには近代的自我の限界の自覚に媒介された近代的自我の自覚がある。それは天皇制国家の枠内に馴致されることを拒否するものであった。

西田は東洋と西洋の狭間にある日本を自覚し、「東西文化の結合点を日本に求め[5]」た思想家であった。内村も東西文明の融合と新文明の創造を「日本の天職」と考えた思想家であった[6]。この点においても西田は内村の継承者であった。内村と西田はキリスト教と禅という宗教的体験を通じて、天皇制国家の枠組みをこえる普遍的な地点をわがものとした。しかし彼らの思想的営為をキリスト教や禅の枠内に閉じたものと考えるべきではないであろう。それは近代それ自体の究極の限界を問うものとしてある。

三

内村鑑三は「基督教の信仰によって日本を愛した愛国者」であった[7]。

札幌に来た当初、先生は草深い札幌神社の神前にぬかづいて、この邪教を国より払いたまえと祈願していたそうですが、一度びキリストに捕えられて後は終生彼への忠誠を変えず、イエス（Jesus）と日本（Japan）という二つのJに事えるために彼の一生をささげたのであります。[8]

まことの神は神社の神々ではない。神社の神々は人間だ。まことの神は天にいますただひとりの神だ。天地万物をお造りになり、人間をお造りになったただひとりの神がいますことを、キリスト教の聖書において学んだときに、彼は真の神と同時に、真の人間を発見した。今までのように、たくさんあるお宮の前で頭を下げる苦労がなくなってよかった、と彼がユーモラスに言っておりますが、彼はこれによって、本当の自分の人間形成の道と、そして旧日本を新日本にし、東洋日本を世界の日本にする国民形成の道の根本はこれであることを知ったのであります。[9]

私共に取りましては愛すべき名とては天上天下唯二つあるのみであります、其一つはイエスでありまして、其他の者は日本であります、是を英語で白しますれば其第一はJesusでありまして、其第二はJapanであります、二つともJの字を以て始まって居りますから私は之を称してTwo J's即ち二つのジェーの字と申します、イエスキリストのためであります、日本国のためであります、私共は此二つの愛すべき名のために私共の生命を献げようと欲う者であります。[10]

内村はキリスト教起源の近代文明をキリスト教ぬきで実現することはできないと考えた。イエス（Jesus）を信じることは日本（Japan）にとって不可欠なことであった。しかし天皇制国家の枠組みに包摂された日本はそのような内村を拒否した。そこでは日本を愛することは天皇に帰一することでなければならなかった。キリスト教の信仰と天皇制国家の枠組みは両立不可能であった。不敬事件はそのことを証するものにほかならない。天皇制国家の枠組みはキリスト教起源の近代文明をキリスト教ぬきで実現するための装置としてあった。そこに二つのJの両立する余地はない。

しかしキリスト教起源の近代文明をキリスト教ぬきで実現する方向をたどったのは日本だけではない。欧米の「基督教国」においても、キリスト教起源の近代文明はキリスト教を否定する方向に発展を遂げていったからである。そこには超越的なものと内在的なものとの緊張関係があり、内在的なものが超越的なものを否定していく方向への発展があった。内村はそのような「基督教国」のあり方に批判的であった。第一次世界大戦はその必然的帰結であり、近代それ自体の究極の限界を開示するものとしてあった。そこに〈近代の超克〉の課題がある[11]。

近代的自我の自覚は神からの人間の解放であった。近代的自我として自己自身を自覚した個人は歴史的世界の主体となった。近代以降の世界史は近代的自我の自己主張と自己拡大の過程としてあった。そしてそのような自己主張と自己拡大の回路となったものが近代国家にほかならない。近代国家は近代的自我として自己自身を自覚した個人を国民として組織するものであり、国家を構成する国民として自己自身を自覚した個人に自己主張と自己拡大の回路を提供するものとしてあった。そこには近代的自我の限界の自覚を媒介として近代的自我の自覚を組織する構造がある。しかし近代国家と近代的自我はそのことに十分自覚的であったとはいえない。

四

近代的自我として自己自身を自覚した個人は「自然状態」へと解き放された。しかし近代的自我の自己主張と自己拡大は「万人の万人に対する闘争」に帰着するしかない。それは近代的自我の究極の限界を示すものとしてある。そしてそのような近代的自我の限界の自覚が「リヴァイアサン」としての国家の登場を不可避なものとした[12]。近代国家は近代的自我の限界の自覚を媒介として近代的自我の自覚を組織する構造として成立した。それは近代それ自体の限界線上に成立した構造であった。近代国家はその成立の端緒においてすでに近代的自我の限界の自覚を踏まえたものとしてあった。

プロテスタントの信仰は近代的自我の限界の自覚に媒介された近代的自我の自覚を促すものであり、それゆえ近代国家における国民形成を支えるものとしてあった。そこには国家と自己との予定調和的な関係への確信があった。そしてそのような国家と国家との予定調和的な関係を踏まえて国際社会が成立した。近代ヨーロッパの政治の構造は国家を政治的統合の究極の単位として、国家と国家との関係によって世界を秩序づけるものであった。そこでは近代的自我の無批判な自己主張は国家によって、近代国家の無批判な自己主張は国家と国家との関係によって制約される構造があった。

市民革命と産業革命という二つの革命は、そのような予定調和的な関係を揺るがしていった。そこに解放された巨大なエネルギーは、近代的自我と近代国家に課されていた禁止的制約を解除し、国家と自己との関係、国家と国家との関係におけるバランスを崩すものとなっていたからである。超越的なものと内在的なものとの緊張関係を喪失した近代文明は、内在的なものが超越的なものを否定していく方向への発展を決定的に加速していった。それは近代それ自体の究極の限界への疾走にほかならなかった。しかしその究極の限界が顕在化するにはしばらく時間が必要であった。

二つの革命が解放した巨大なエネルギーは、西欧的世界が非西欧世界を植民地として獲得しながら、地球的規模へと拡大していく過程に吸収されていった。地球上に外部が存在する限り、西欧的世界は拡大を続けることができた。そして西欧的世界が拡大を続ける限り、国家が拡大を続けても国家と国家との予定調和的な関係は維持され、国家が拡大を続ける限り、国家と自己との予定調和的な関係の維持も可能であった。このような西欧的世界の地球的規模への拡大のなかで、近代的自我の無批判な自己主張と自己拡大の過程が進行した。そこに近代的自我の限界の自覚はない。自己の限界に無自覚な近代的自我の自己主張と自己拡大だけがあった。

しかし西欧的世界が地球全域を覆いつくし、地球上に外部が存在しなくなると、そのような予定調和的な関係を維持することは不可能となった。一九世紀後半はこのような近代的自我の限界が、地球的規模でしだいに自覚されるようになってきた時期であった。日本の近代化はまさにそのような時期にスタートした。内村の「回心」もまたこのような時期に起こった出来事であった。そこには近代的自我の限界の自覚があり、近代的自我の限界の自覚に媒介された近代的自我の自覚があった。それは国家と自己との予定調和的な関係に走った亀裂であった。

二〇世紀の世界史はそのような亀裂が急速に拡大していく過程であり、日露戦争はその起点となるものにほかならない。二度にわたる世界大戦は近代それ自体の究極の限界を地球的規模で暴露するものとなった。それは近代的自我の無批判な自己主張と自己拡大のいや果ての姿であった。

五

天皇制国家の枠組みは西欧の衝撃を受けとめ、キリスト教起源の近代文明をキリスト教ぬきで実現するための装置であった。近代的自我として自己自身を自覚した個人を近代化の担い手として必要とはしても、それが天皇制国家の枠組みをこえて自由に振舞うことは望まなかった。それは近代的自我の限界の自覚を踏まえ、近代的自我の自覚を天皇制国家の枠内に馴致するものとしてあった。

近代的自我の自覚を極限まで徹底すれば「万人の万人に対する闘争」に帰着するしかない。それは近代的自我の究極の限界を示すものであった。近代国家はこのような近代的自我の限界の自覚を媒介として近代的自我の自覚を組織するものにほかならない。それは近代それ自体の究極の限界を踏まえ、その限界線上に成立する構造であった。日本が近代国家の建設にのりだしたのは、このような近代的自我の限界が地球的規模で自覚されるようになってきた時期であった。天皇制国家の枠組みは近代的自我の限界の自覚に呼応するものとしてあった。そしてそれによってキリスト教起源の近代文明を、キリスト教ぬきで実現することが可能となった。

内村によれば「万人の万人に対する闘争」は人間の原罪がもたらした帰結でしかなく、そこから救われるにはイエスを信じることが不可欠であった。イエスを信じることで近代的自我の限界の自覚に媒介された近代的自我の自覚が可能となる。それが人間形成の道であり国民形成の道であった。それゆえキリスト教ぬきで近代国家の国民形成ができるはずはなかった。日本（Japan）にはイエス（Jesus）が必要であった。しかし日本はキリスト教起源の近代文明をキリスト教ぬきで実現する道を選んだ。日本（Japan）はイエス（Jesus）を拒否した。超越的な唯一神を信じた内村に帰る場所はなかった。

内村鑑三は天皇制国家の枠組みに対して超越的内在の立場を取った。これに対して内在的超越の立場から天皇制国家の枠組みと対峙したのが西田幾多郎であった。目覚めたばかりの近代的自我が天皇制国家の枠組みと衝突して四高を中退したとき、西田は「独学」で学問を成し遂げようと考えた。

当時思う様、学問は必ずしも独学で成し遂げられないことはあるまい、寧ろ学校の羈絆を脱して自由に読書するに如くはないと。終日家居して読書した。然るに一年も経ない中に、眼を疾んで医師から読書を禁ぜられる様になった。遂に節を屈して東京に出て、文科大学の選科に入った。当時の選科生というものは惨めなものであった。私は何だか人生の落伍者になった様に感じた。[13]

右のような訳で、高校時代には、活発な愉快な思出の多いのに反し、大学時代には先生にも親しまれず、友人と云うものもできなかった。黙々として日々図書室に入り、独りで書を読み、独りで考えていた。大学では多くのものを学んだが、本当に教えられたとか、動かされたとかいう講義はなかった。その頃は大学卒業の学士に就職難というものはなかったが、選科と云えば、あまり顧みられなかったので、学校を出るや否や故郷に帰った。そして十年余も帝都の土を踏まなかった。[14]

西田は「節を屈して」天皇制国家の枠組みに内在する地点から思想的営為をスタートさせた。しかしそれは彼にインサイダーとしての栄達を保証するものではなかった。四高中退から東大選科へという経歴は天皇制国家におけるインサイダーとしての栄達の道から疎外されたことを示す刻印でしかなかったからである。それは天皇制国家の枠組みに対して内在的超越の立場に立つことであった。

六

選科を卒業して故郷に帰った西田は就職先にも恵まれない状況のなかで、過酷な運命を背負いつつ孤独な思索を続けた。そしてそのような体験が彼を禅へと導くこととなった。禅体験を経由することで、西田は天皇制国家の枠組みをこえる普遍的な地点を獲得した。それは近代的自我の限界の自覚に媒介された近代的自我の自覚であった。そこには近代的自我の限界の自覚を踏まえつつ、なお近代的自我の自覚を追求しようとする姿勢があった。そこに〈近代の超克〉の課題がある。

天皇制国家の枠組みは近代的自我の限界の自覚を踏まえ、近代的自我の自覚をその枠内に馴致するものとしてあった。それは日本の近代化のための装置であった。禅体験を通じて自己自身の限界を自覚した近代的自我は、天皇制国家の枠内に自らの居場所を見いだすことができた。禅体験は国家と自己との予定調和的な関係を支えるものとなる。北条時敬はそのようなタイプの人間であった。しかし西田はそうではなかった。選科生として「惨めな」思いをした西田にとって、国家と自己との予定調和的な関係を素朴に信じることなどできるはずもなかったからである。

そこに北条の禅と西田の禅の違いがあった。それは天皇制国家におけるインサイダーとしての自己を疑うことのない人間の禅と、アウトサイダーとしての意識をもち続けた人間の禅の違いであった。西田の禅体験は天皇制国家の枠組みをこえる視野と射程をもっていた。こうして天皇制国家の枠組みに内在する地点から出発した西田の思想的営為は禅体験を経由することで、それを内にこえる内在的超越の立場に到達した。西田哲学は禅体験を経由することによって成立した。しかしそれは「禅体験の哲学」にとどまるものではない。西田哲学の「場所の論理」は世界における自己の自覚の論理的表出としてある。

西田哲学の成立は「哲学史に未だなかった哲学の転回の始まり」[15]であった。大橋良介はこの「哲学の転回」を「場所論的転回」と呼ぶ。

西田哲学において哲学史全体への視野から測定されるべき或る「哲学の転回」が始まった。論理のレヴェルではそれは「場所論的転回」と名づけられ得る。骨子は「個人的自己から見る」という立場を「世界から見る」という立場に転ずるところにある。それは大きくは歴史や社会を見る上での見方の転回であるが、経験のレヴェルで言うなら、「対象を見る」という立場から「物となって見る」という立場への転回である。[16]

「場所論的転回」が哲学の立場として、かつ哲学史において決定的な意味をもつとすれば、それは「自己から見る」という立場を転じて「世界から見る」という立場を開いたところにある。[17]

内村と西田は時を同じくして同じ地点の外側と内側から天皇制国家の枠組みと衝突した。そこには超越的内在の立場と内在的超越の立場との相呼応する構造があった。西田は内村が外側から天皇制国家の枠組みと衝突した地点の内側から出発した。西田の思想的営為は場所論的転回を通じて内村の営為を受け継ぐものとしてあった。

(1) 西田幾多郎『「続思索と体験」以後』(『西田幾多郎全集』第十二巻、岩波書店、一九七九年)二四五頁。
(2) 同右書、二四七頁。
(3) 西田幾多郎『続思索と体験』(『西田幾多郎全集』第十二巻)一七〇頁。
(4) 河上徹太郎『日本のアウトサイダー』(新潮文庫、一九六五年)一七一—二〇五頁参照。
(5) 西田幾多郎『日本文化の問題』(『西田幾多郎全集』第十二巻)三六〇頁。
(6) 応地利明「文化圏と生態圏の発見」山室信一編『空間形成と世界認識』(岩波書店、二〇〇六年)三三二—三三四頁参照。
(7) 矢内原忠雄『続余の尊敬する人物』(岩波書店、一九四九年)一八七頁参照。
(8) 同右書、一五七頁。
(9) 矢内原忠雄「日本の思想史上における内村鑑三の位置」鈴木俊郎編『内村鑑三と現代』(岩波書店、一九六一年)六—七頁。
(10) 内村鑑三「失望と希望」(『内村鑑三全集』第十一巻、岩波書店、一九八一年)四九頁。
(11) 富岡幸一郎『内村鑑三』(五月書房、二〇〇一年)参照。
(12) ホッブズ『リヴァイアサン』第一巻(水田洋訳、岩波文庫、一九五四年)、第二巻(同、一九六四年)参照。
(13) 前掲『続思索と体験』一七〇頁。
(14) 前掲『「続思索と体験」以後』二四一—二四二頁。
(15) 大橋良介『西田哲学の世界』(筑摩書房、一九九五年)九頁。
(16) 同右書、二四九頁。
(17) 同右書、九八頁。

滝沢先生と私——一九八二年の往復書簡

一

一九八二年六月一五日、私は滝沢克己先生に手紙をお送りしました。それに対して、六月二〇日付（六月二三日着）で、ご丁寧なお返事をいただきました。先生の著書の読者であるという以外にいかなる縁もない私に、わざわざお返事をくださったことに大変感動いたしました。先生がお亡くなりになる二年ほど前のことです。

先生は『現代における人間の問題』『聖書入門』（『聖書を読む』）『純粋神人学序説』のなかで、そのときの私の手紙について言及しておられます。

先生のところにヴァイツゼッカーとか新しい物理学者が色々意見を聞きに来ていたということがあるんですね。この頃は私の所にも、素粒子の物理学の人が基本の考え方が非常に近いといって長い手紙を

くれたことがあります。(1)

このごろ、これは京大の核物理を出た人ですけれども、修士を出て、それから五、六年前に博士コースを出て、それから核物理のほうで新しいことを色々考えている人、そういう人から――全然知らない人ですけれども――私の所に手紙がきて、厚い手紙がきて、物の考え方・存在っていうものの考え方が私と非常に近いというんですね。それで「どうも本当にはっきり私(滝沢)の言っているところまでは、自分のこととして実感されるっていうところまで行かないけれども、場っていうもの・存在の場・についての摑み方っていうものは(自分の考え方に)非常に近いことは確かだ」ということを言ってきたですね。これはバルト先生のところに、やはりヴァイツゼッカーとかそういう何か宇宙物理や核物理の人たちが・量子物理学の人たちが時々来ておられたということを聞いています。ですから、本当の・事実存在の・学問っていうのは本当にこれからのことだろうと思うんです。(2)

私の恩師の神学者カール・バルトのところへは、ヴァイゼッカーなどの最尖端の物理学者が時折訪ねてくる、ということは前から聞いていましたが、とくにそういうことについて先生とお話ししたことはありません。そういえば私のところにも一度、量子物理学専門の方から長いお手紙が届いたことがございます。どういう御縁でしょうか、何か私の書いたものをお読みになって、ものの見方・考え方が非常に近く、自分(たち)が今当面している問題を解く参考になるというようお言葉で、非常に驚きました。

私にとっては大きな光栄ですけれども、とても信じられないことでした。(3)

ここで先生が「素粒子の物理学の人」「京大の核物理を出た人」「量子物理学専門の方」と書いておられるのは私のことです。ところが『聖書を読む』の編註には「大阪大学理学部にいた白鳥紀一のこと」とあります。(4)この記述は明らかに間違いであり、訂正されなければなりません。(5)

二

私は一九七一年に京都大学理学部に入学、物理学を専攻して、七五年に卒業しました。その後、同大学院に進学、素粒子物理学を専攻して、八〇年に博士課程を修了しました。大学院在学中は、筑波研究学園都市（現・つくば市）の高エネルギー物理学研究所（現・高エネルギー加速器研究機構）で、素粒子物理学の実験的研究に従事し、大学院修了後は、防衛庁防衛研修所（現・防衛省防衛研究所）助手として、核戦略研究に従事しました。先生に手紙を書いたのは、助手になって三年目のことでした。

素粒子物理学（高エネルギー物理学）は物質の根源を探求する基礎科学であるとともに、高エネルギー加速器という大規模な実験装置を必要とする巨大科学でもあります。それは大勢の人員、巨額の資金、巨大な組織を必要とします。研究の現場は、官僚制的合理化が貫徹する巨大な行政機構そのものでした。広重徹のいう「科学の体制的構造」以外の何ものでもありません。[6] そのような体験を通じて、巨大科学の存在形態がアメリカの原子爆弾開発計画「マンハッタン計画」に起源をもつこと、そしてそれゆえに素粒子物理学の研究が、核兵器の存在に限界づけられた国際政治の枠組みと、決して無縁でないことを知りました。[7]

そうしたなかで、素粒子物理学への興味は維持しつつ、核兵器の問題に即して、科学と政治、科学と文明などの課題を考えてみたいと思うようになりました。[8] こうして防衛研修所助手として、核物理の知識を踏まえ、核兵器と核戦略の研究をすることになったのです。日本の核武装の可能性を検討し、それに否定的な評価を下した報告書の作成にも関与しました。[9] しかし私の主要な関心事は、グローバルな核戦略の構造であり、それと現代科学の自然認識がどのように関わっているかでした。素粒子物理学が開示する宇宙と物質の姿は魅力的でした。しかし巨大科学の研究体制は、科学者を体制に依存するテクノクラートへと疎外する構造であり、核戦略体制が地球的規模でつくりだす「人類絶滅の可能性」に通じていました。

二〇世紀の物理学における最大の発見は相対論と量子論です。素粒子物理学はこの相対論と量子論を統一する方向に成立する学問です。これに対して「人類絶滅の可能性」をつくりだした核兵器もまた相対論と量子論の産物にほかなりません。そこには巨大な深潭が横たわっていました。そのころの私は、現代科学が直面する巨大な亀裂の前に立ちつくしていました。[10] 私はそんな深潭を西田哲学の論理を手引きとしてこえることを考え、西田幾多郎の著書を読み進めていました。そんなときに滝沢先生の著書とめぐりあったのです。そして私は滝沢神学のなかに、素粒子物理学が開示する自然認識と共通する構造を見つけました。

三

素粒子物理学の基礎理論は場の量子論です。それは「粒子でもなく波動でもなく、しかも、粒子でもあり波動でもある」ものとしてとらえ直された物質を「量子化された場（量子場）」の概念でとらえ、物質現象を「量子場の相互作用」として記述する理論です。場の量子論の特徴は物質の生成消滅を記述できる点にあり、すべての物質がそこから生成し、そこへと消滅していく究極の基底状態として「真空」が考えられています。それは物質がまったく存在しない物理的状態と定義されます。そして決定的に重要なことは、この「真空」が自発的に対称性を破っているという点にあります[11]。

真空における対称性の自発的な破れのゆえに、すべての物質はそこから生成し、そこへと消滅していくものとして、そこに限定されます。この対称性の破れのゆえに、物質は真空へと消滅してしまうことなく、真空に支えられて「量子場の相互作用」として現象することが可能になるのです。このような「真空」と「物質」の関係は、滝沢神学における神と人の原関係に酷似していると感じました。真空における対称性の破れの成立は第一義のインマヌエルの成立であり、真空における対称性の破れに呼応した「量子場の相互作用」は、第一義のインマヌエルに呼応した第二義のインマヌエルに該当するものと考えてよいのではないかと思いました[12]。

自発的に対称性の破れた真空は、すべての物理現象、物理学者、物理理論に先立ち、それらをそこに限定〈逆限定〉する「絶対無の場所」であるとの認識に到達しました。自発的に対称性の破れた真空とは、逆対応的はたらきを含む「絶対無の場所」にほかなりません。そのように考えれば、核戦略体制が地球的規模でつくりだす「人類絶滅の可能性」は、人類が地球的規模で直面する〈絶対無の否定的自覚〉と見なすことができます。核兵器の登場は人類の全体を否定的に絶対無の場所へと導くものであり、それゆえにそれを〈絶対無の肯定的自覚〉へと転ずることができれば、冷戦の終結と冷戦後の世界を展望することができるのではないかと考えました。

こうして西田哲学と滝沢神学を導きとして、私は現代科学が直面する巨大な亀裂を克服する決定的な手がかりを得ることができました。そこに現代科学の両義性があります。核戦略の矛盾はその両義性を示すものにほかなりません。そのような思いを手紙にしたため、助手になって最初に書いた論文[13]とともに、滝沢先生にお送りしました。素粒子物理学と核戦略研究から、滝沢神学に強く惹かれるものを感じながら、どうしても「神」の実在ということが、自分自身のこととして実感できない。「論理の要請」として、何かそのようなものがないと困るという以上のものとして受けとることができない、ということも申し添えました。

四

このような私の手紙に対して、早速お返事が届きました。そのときのお手紙は引越しをくり返すなかで所在不明となってしまいましたが、重要と思われる部分はノートに抜書きが残されておりましたので、それにもとづいて先生からいただいたお返事の内容を復元してみたいと思います。最初に、私が申し上げた素粒子物理学におけるものの見方・考え方と、滝沢神学の共通性についての言及がありました。

人間現象まで含めてのものの見方・考え方に何か一貫する道、それでゐて何ものも切り棄てることなく、事実を本当にありのままに見る地点・方法のあることは確かなことと思います。近代以来の学問は、哲学から物理学まで現在次第にその方向に動きつつあるのでせう。(14)

続いて、著書でも言及されておりますが、カール・バルトとヴァイツゼッカーの交流についての記述がありました。

カール・バルト先生の許には、とくにワイゼッカーその他物理学者達も訪ねて見えたさうですが、私のところへ、物理学の真ン中・最先端で苦労している方が御手紙を下さったのは始めてです。[15]

ヴァイツゼッカーはニールス・ボーアやハイゼンベルグとともに、量子力学の建設期に重要な役割を果たし、量子力学の哲学的基礎づけをしたことでも知られている物理学者であり哲学者でもあります。また、核時代の平和についても積極的な発言をしています。[16] そのようなヴァイツゼッカーとの類比で語られるのは、かなり照れくさいことではありますが、それらの記述から、先生にとっても、私からの手紙はかなり大きな意味があったのではないかと推察されます。最後は「神」の実在をめぐる話でした。

問題を粘り強く温めてゐれば、いつかは《Urfaktum Immanuel = die Grundsituation der wirklichen Menschen》がけっして「論理の要請」によるものではなく、逆にそれの要請に呼応・反復してのみ、人間の正しい論理は生成するということも「実感」されてくる（明晰判明に分かる）ことと存じます。[17]

その後、先生にお送りした手紙に書いたことや、お返事をいただいてから考えたことを発展させて、一九八二年にまたひとつ論文を書きました。[18] そして一九八五年には、これまで書いてきたものをまとめて、最初の著書『核時代の思想史的研究』（北樹出版、一九八五年）を刊行することができたのですが、そのとき先生はもうこの世にいらっしゃいませんでした。

以後、問題を粘り強く温め続けてきたつもりではありますが、インマヌエルの原事実を「実感」することができたか否かについては、今もなお心もとないところが残ることは否定できません。

五

私は核戦略研究を通じて冷戦の終結を確信するようになり、冷戦構造の枠組みに自足した脅威対抗論に、自衛隊の存在理由を求め続けるのは不可能だと考えるようになりました。冷戦後の世界を展望した安全保障政策を、今から考えておくべきだと思いました。最初の著書はその理論的根拠となるものにほかなりません。

しかしソ連によるアフガニスタン侵攻や、戦域核ミサイルＳＳ20の配備といった状況のなかで、ソ連脅威論に自らの存在証明を求めることに急であった防衛庁・自衛隊に、そのような考えを受け入れる余地はありませんでした。私の著書は「反防衛庁的・反自衛隊的」であるという理由で「発禁」になってしまいました。私は防衛庁を退職して著書を刊行する道を選びました。[19] そのとき議論を交わしたある防衛官僚の「冷戦はあと百年続く」といった言葉が忘れられません。一九八五年のことです。それからわずか四年でベルリンの壁は崩壊し、一九九一年にはソ連も消滅して冷戦は終わりました。

私が防衛庁で核戦略研究に従事していたのはそのような時代でした。私は先生宛の手紙に、防衛庁に在職していることを明記いたしましたので、「滝沢克己」のごとき〈左翼〉との関わりが明るみにでたら、私の立場が悪くなるのではないかとのご配慮で、実名の公表を控えられたのではないかと思います。先生が亡くなられた時点で、私はまだ防衛庁に勤務しておりました。そのため先生に関わりのある物理学者のなかに、私の痕跡が残ることなく終わってしまったのだと思います。

その後、私は日本思想史の領域へと探求の歩みを進め[20]、主要な関心が滝沢神学から離れたこともあり、『聖書入門』は読みましたが、『聖書を読む』の刊行は知らずにおりました。それゆえ編註の間違いについても、うかつなことに二〇一〇年まで知りませんでした。先生の生誕百年、没後二五年を記念して二〇〇九年に企画された、三島淑臣監修『滝沢克己を読む』（春風社、二〇一〇年）を手に取ったことをきっかけに、久しぶりに先生の著書を拝読しているうちに、前記の編註の間違いに気づいたしだいです。

そのことを創言社の村上一朗氏に申し上げたところ、間違いを認めていただいただけでなく、先生との往復書簡について書く機会を与えていただきました。先生との接触の体験についての私の拙い文章が、滝沢克己研究にいささかなりとも寄与することがあるとしたら望外の幸せです。一度限りの束の間の接触ではありましたが、この接触のもつ意味は決して小さくないと思います。そのような貴重な体験の意味を、あらためて考える機会を与えていただいたことに、心よりお礼を申し上げます。今から三〇年ばかり前に、渋谷の古本屋で刀江書院版『西田哲学の根本問題』を手に取ったのがはじまりでした。思えば不思議な縁です。

（1）滝沢克己『現代における人間の問題』（三一書房、一九八四年）一〇九頁。
（2）滝沢克己『聖書を読む――マタイ福音書講解』第五巻（創言社、一九九六年）二一六頁。なお、小文字で印刷されている「ですネ」「あのう」「その」といった言葉は省略した。また『聖書入門――マタイ福音書講義』第三巻（三一書房、一九八六年）一七七―一七八頁にも当該部分の記述がある。
（3）滝沢克己『純粋神人学序説』（創言社、一九八八年）五頁。
（4）前掲『聖書を読む』第五巻、二〇一頁。
（5）滝沢先生は「素粒子の物理学」「京大の核物理」と書いておられます。しかし白鳥紀一氏は京大ではなく東大の出身であり、専攻は素粒子でも核物理でもなく物性物理です。また、大阪大学についての記述はどこにもありません。これらの事実を確認しただけで、この人物が白鳥紀一氏でないことは明らかです。
（6）広重徹『科学の社会史』（中央公論社、一九七三年）参照。
（7）第二次世界大戦中には、日本でも原子爆弾開発計画が進められていた。理研仁科研究室では陸軍の依頼による「ニ号研究」が、京大荒勝研究室では海軍の依頼による「F研究」が行われていた。そしてその同じ時期に、理研サイクロトロンと京大サイクロトロンという巨大加速器の建設が進行していた。これらのサイクロトロンは、敗戦後、占領軍（アメリカ軍）の手で破壊された。
（8）拙著『全共闘運動の思想的総括』（北樹出版、二〇一〇年）三三九―三四三頁参照。
（9）防衛庁防衛研修所研究部プロジェクト研究中間報告書『核装備について』（一九八一年七月三〇日）参照。この間の経緯については、共同通信配信「八一年にも核武装研究」（二〇〇四年一〇月三日）、杉田弘毅『検証　非核の選択』（岩波書店、二〇〇五年）二一二―二一六頁、あるいは前掲『全共闘運動の思想的総括』二六〇―二六七頁参照。
（10）山本義隆はこの亀裂を「研究室と街頭の亀裂」ととらえていた。山本義隆『知性の叛乱』（前衛社、一九六九年）二四八—二四九頁参照。

(11) この業績によって南部陽一郎は二〇〇八年ノーベル物理学賞を受賞した。南部陽一郎『素粒子論の発展』（岩波書店、二〇〇九年）参照。

(12) 拙著『核時代の思想史的研究』（北樹出版、一九八五年）一六二—一八〇頁参照。

(13) 拙稿「核時代の世界史的意義——戦略理論と量子力学」同右書、二七—一〇一頁参照。脱稿日は一九八一年七月八日。初出は『新防衛論集』（防衛学会）第九巻第三号（一九八一年一二月）と第九巻第四号（一九八二年三月）に連載。

(14) 滝沢先生から私宛書簡、一九八二年六月二〇日付（六月二二日着）。

(15) 同右。

(16) ヴァイツゼッカー『核時代の生存条件』（遠山義孝訳、講談社、一九六九年）参照。講談社（講談社現代新書）版は絶版となり、新訂増補版が『心の病としての平和不在——核時代の倫理学』（遠山義孝訳、南雲堂、一九八二年）と題して刊行されている。

(17) 前掲書簡。

(18) 拙稿「核時代の思想史的意義——現代科学と西田哲学」前掲『核時代の思想史的研究』一五七—二〇三頁参照。脱稿日は一九八二年八月四日。

(19) 前掲『全共闘運動の思想的総括』二五三—二五九頁参照。

(20) 拙著『日本革命の思想的系譜』（北樹出版、一九九四年）参照。

内村鑑三と有島武郎

内村鑑三のことを調べています。札幌農学校の近代日本思想史における位置づけに興味があり、内村のほかに新渡戸稲造や有島武郎についても調べています。

そのなかでも、内村と有島の対照的な人生経路に興味をそそられます。二人はいずれも東京から札幌に進学し、そこでキリスト教と出会いますが、その後の人生の軌跡は著しく対照的です。内村も有島も渡米しますが、キリスト教に対して正反対の結論を得て帰ってきます。内村はキリスト教の信仰を確立して帰国し、その後一貫した姿勢を維持しますが、有島はキリスト教に懐疑を抱いて帰国し、後の棄教につながっていきます。

この二人にとって渡米は人生の転機になったと言うことができます。ぼくが興味をもっているのは、渡米をはさんだ時期に彼らと関わりをもった女性がおり、彼女たちとの出会いと別れが、その後の彼らの人生に少なからざる痕跡を残しているという点です。内村と関わりをもった女性は浅田タケであり、有島と関わりをもった女性は河野信子です。内村は結婚八ヶ月で破婚、有島の場合は結ばれることなく終わっています。

内村鑑三は『余は如何にして基督信徒となりし乎』で、心の中に〈真空〉を抱えて渡米したと述べています。そしてその〈真空〉を埋めるものを、彼はアマーストで十字架上のキリストに見いだします。それが彼の〈回心〉にほかなりません。

内村の渡米の直接のきっかけとして、最初の結婚が失敗に終わり八ヶ月で破婚に至ったことがあると言われています。破婚の原因についてはあまり明確ではないのですが、その衝撃が大きかったことは想像に難くありません。『余は如何にして基督信徒となりし乎』では、そのことに触れていませんが、かなり決定的な意味をもったことは否定できません。

最初の結婚の失敗がなければ、あのような渡米はなかっただろうし、もう少しまともな人生を歩んでいたのではないかと思います。おそらく政府派遣の留学生として、もっとオーソドックスな形で留学していたことでしょう。そしてそうなっていたら、天皇制国家の有能な官僚になっていたか、さもなくば東大教授か北大教授くらいにはなっていたはずです。アマーストでの〈回心〉がなければ「一高不敬事件」もありませんでした。

彼の渡米に浅田タケとの破婚が決定的な契機となったことは否定できません。男と女の関係に躓いたことが、彼の人生の経路を決定的なまでに変えてしまったと言うことができます。しかしそれは彼の心の中に〈真空〉を作りだした直接の原因ではありません。それが内村に自己の内なる〈真空〉を自覚させるきっかけになったとしても、それが〈真空〉を作りだしたわけではありません。

心の中の〈真空〉はそれとして自覚されることなく、それに先立って内村の心の中にすでに潜んでいたのです。むしろそんな〈真空〉を埋めるものを求めて結婚し、埋め得なかったがゆえに破婚に至り、その結果として自己の内なる〈真空〉を自覚するしかなかったということではないでしょうか。〈真空〉に衝き動かされた内村の人生は、〈真空〉の自覚によって新しい段階を迎えます。それは天皇制国家におけるアウトサイダーへの道でした。


内村は札幌農学校卒業後、開拓使の官吏となりますが、短期間で辞めて東京に出ています。東京で農商務省に勤めていますので、この時点ではまだ天皇制国家との対立を明確に自覚するには至っていないと思われます。このときに東京でキリスト教を通じて知り合った同志社女学校出身の浅田タケと結婚して破婚、農商務省を退職して渡米ということになります。札幌から東京へ、東京からアメリカへと、彼を衝き動かす〈真空〉のはたらきが感じられます。

浅田タケとの出会いと別れが〈真空〉を作りだしたわけではないとしても、その出会いと別れがなければ〈真空〉はそれとして自覚されることはなかった。そういうことではないかと思います。それがなければ、その後の内村鑑三はなかったと言っても決して過言ではないでしょう。こうして浅田タケとの出会いと別れを契機として自己の内なる〈真空〉を自覚した内村は、その〈真空〉を埋めるものを求めて渡米します。

そしてアマーストでその〈真空〉を埋めるものを十字架上のキリストに見いだしたことはすでに述べたとおりです。このアマーストにおける〈回心〉を経て、キリスト教の信仰に確信を抱いた内村は日本に帰ってきます。帰国後、浅田タケと正式に離婚。渡米をはさんだ浅田タケとの出会いと別れの物語はここに終止符を打ちます。その後、横浜加寿子と再婚しますが、彼女は「一高不敬事件」の心労のなかで亡くなっています。

「一高不敬事件」の翌年、岡田静子と結婚、彼女とは最後まで添い遂げています。いずれにしても、浅田タケとの出会いと別れが内村の人生における最大の転機となったことは否定できません。それがなければ、あのような形での渡米もなく、したがってアマーストにおける〈回心〉もなく、それゆえに「一高不敬事件」もなかったでしょう。浅田タケとの出会いと別れが彼の天皇制国家におけるアウトサイダーとしての生き方を決定づけたのです。

内村は自己の内なる〈真空〉を、札幌で得たキリスト教で埋めようとして埋めることができず、浅田タケにそれを求めようとしてやはり得られず、ついに渡米してアマーストにおける〈回心〉に至ります。以後、キリストへの帰依は一貫して変わりません。これに対して有島武郎の場合は、〈真空〉を埋めるものを求め続けながら、ついにそれを見いだすことができないまま終わったように思われます。

有島も自己の内なる〈真空〉を、札幌で得たキリスト教の信仰で埋めようとして埋めることができず、ついにキリスト教を捨てるに至ります。しかしそれに代わる何かを見いだすことができないまま、〈真空〉に足を取られて自滅してしまったように感じられます。そんな有島の人生にも、三人の女性が登場します。河野信子、神尾安子、波多野秋子です。彼にとって初恋の女性、河野信子が決定的な意味をもっているように思います。

有島武郎は学習院中等科から札幌農学校予科に進学しています。何がしかの思いがあり、何かを求めて札幌へ赴いたのに違いありません。武者小路実篤や志賀直哉のように、彼も学習院高等科から東京帝国大学に進学することは可能でした。にもかかわらず、わざわざ札幌に赴いています。有島もそれとして自覚することなく自己の内なる〈真空〉に促され、それを埋めるものを求めて札幌に赴いたのであり、そこでキリスト教と出会います。

彼はキリスト教の信仰に〈真空〉を埋めるものを見つけたつもりでした。でも、そうではなかったのです。しかしそのことが明らかとなるには、もう少し時間が必要でした。札幌農学校を卒業して東京にもどり、陸軍勤務を経て渡米、河野信子との恋、農科大学講師としての札幌赴任、神尾安子との結婚、結婚生活の危機、札幌から東京への転居、妻の死といった一連の出来事のなかで、彼のキリスト教への確信は揺らいで行きます。

札幌での有島はキリスト教の活動に熱心に取り組み、内村の跡を継ぐのは有島であると自他共に認めるまでになります。しかしそこには「女を恋する代わりに神を信じた」（『迷路』）という倒錯した心理がはたらいていました。有島にとってキリスト教との出会いは〈回心〉ではなく、〈恋愛〉でしかなかったのだと思います。河野信子との出会いと別れのなかで、その倒錯した心理は逃れる術もなく暴露されていきます。

札幌農学校を卒業して東京にもどった有島は河野信子と出会います。河野信子は有島のことが本気で好きだったようです。有島も彼女に好意をもっていたようですが、「女を恋する」ことよりも「神を信じる」ことを優先し、彼女の好意を受け入れることを拒んでいます。この時点ではキリスト教への懐疑はまだそれとして自覚されていません。有島としてはそれで終わった話だと思ってアメリカへと旅立ちます。

アメリカ留学を通じてキリスト教への懐疑はしだいに決定的なものとなり、そんなキリスト教への懐疑を抱いて有島は日本に帰ってきます。正式の棄教にはまだ時間がかかりますが、「女を恋する代わりに神を信じた」若き日の生き方は、「神を信じる」ことができなくなった地点からどう総括されるのでしょうか。「女を恋する」ことはどうなるのでしょうか。有島のその後の人生には、このテーマが色濃く影を落としているように思います。

有島が終わった話だと思っていた河野信子との恋は終わっていませんでした。アメリカから帰ってきた有島を待っていたのは、もち込まれる縁談をつぎつぎと断って有島を待ち続けた河野信子でした。彼女は自分の思いを有島に打ち明けますが、有島は彼女の気持ちを受け入れることを拒否します。まだ、正式の棄教には至っていませんが、キリスト教に懐疑を抱くようになっていたから、「神を信じる」がゆえに彼女を拒否したわけではありません。

身分違いの結婚を許さない父の意向に沿った判断であったと言われています。そのような有島の姿勢に直面した河野信子は、有島以外の男との結婚を決意します。ところが、その話を耳にした有島は一転して彼女と結婚したいと言いだします。そしてそのような有島の気持ちに呼応して、河野信子も有島との結婚を望むようになります。しかし有島は身分違いの結婚を許さない父の意向に逆らうことができませんでした。

こうして河野信子との恋は実ることなく終わります。彼は河野信子をかけがえのない女性と認識したのだと思います。彼女を失いたくなかったに違いありません。でも、キリスト教の信仰に確信がもてなくなっていた彼に、既成の身分秩序と戦う武器はありませんでした。彼女との恋の終わりは彼に自己の内なる〈真空〉の自覚を促す契機となりました。傷心の有島は東北帝国大学農科大学の講師として札幌に赴任します。

そして札幌ではキリスト教への懐疑を押し隠し、農大の講師として学生の指導に当たり、また札幌独立教会や遠友夜学校の活動に尽力します。しかしそれは彼の心の中の〈真空〉を埋めるものではあり得ませんでした。この時期から社会主義の思想に接近するとともに、陸軍中将神尾光臣の次女安子と結婚しています。しかしこの結婚は必ずしも順調ではなかったようです。

急速に社会主義の思想に接近していく有島と、陸軍中将の娘である安子との間に相容れないものがあったことは確かなようですが、それ以上に有島が河野信子への思いを引きずっていたことが大きかったのではないかと思います。安子との家庭生活も彼の内なる〈真空〉を埋めることはできませんでした。彼女との結婚生活は危機的なものであり、本気で離婚を考えたこともあったようです。

キリスト教に懐疑を抱きつつその活動に尽力し、当局の厳しい監視のもとで社会主義の思想に関心を示す。家庭生活も含めた危機的状況のなかで有島はしだいに追い詰められていきます。〈真空〉に促されて〈真空〉を埋めるものを求めながら、ついにそれを見つけることができません。キリスト教への懐疑は頂点に達して行きます。河野信子をなす術もなく見送ってしまったことを心の底から後悔したのではないかと思います。

「神を信じる」ことで〈真空〉を埋めたつもりだったころの有島には、「女を恋する」ことで〈真空〉を埋める必要はありませんでした。しかし「神を信じる」ことができなくなったとき、彼は「女を恋する」ことで〈真空〉を埋めようとしたのではないでしょうか。そしてそのときはじめて河野信子を失ったことがいかに大きいかを否応なく思い知らされたのです。彼の内なる〈真空〉とは「河野信子の不在」以外の何ものでもありませんでした。

彼は妻の病気を契機に札幌を去り東京にもどります。そして妻の死、大学退職、棄教と続きます。父も死にます。父と妻の死は、有島を包囲する既成の身分秩序の揺らぎを意味するものであり、社会主義の思想はそのような身分秩序の終焉を予告するものと考えられていました。しかし彼は自分が社会主義のもとでは主体たり得ない階級の生まれであることを強く意識していました。

キリスト教は信じられない、社会主義のもとでは主体たり得ない、だからといって既成の身分秩序に自足することはできない。そんな有島にとって〈真空〉を埋めるものは「女を恋する」ことしかありませんでした。『愛は惜しみなく奪う』で主張される「本能的生活」とは、自己の内なる〈真空〉を「女を恋する」ことで埋めようとするものでしかないと思います。それは近代的自我のいや果ての姿でしかありません。

彼は渡米に先立って自己の内なる〈真空〉を自覚し、それを埋めるものを求めて渡米した内村とは異なり、自己の内なる〈真空〉をそれとして自覚することなく渡米し、キリスト教への懐疑のみを得て帰国します。既成の身分秩序への違和感を抱きつつも、キリスト教への懐疑に取り憑かれた有島には、既成の身分秩序と戦って河野信子を手に入れるだけの強さがなかったと言わざるを得ません。

河野信子を失ってはじめて、有島は自己の内なる〈真空〉を自覚せざるを得なくなったのです。そして既成の身分秩序に違和感を抱きつつも、階級的制約のゆえに、社会主義の思想に身を委ねることもできませんでした。それが札幌における有島の姿でした。そんな彼にとって心の中の〈真空〉とは「河野信子の不在」以外の何ものでもありませんでした。こうして河野信子の面影は有島を呪縛し続けます。

彼は自己の内なる〈真空〉を埋めるものを求め続けます。しかしキリスト教の信仰でも社会主義の思想でもそれを埋めることはできませんでした。そんな「河野信子の不在」を既成の身分秩序の象徴でしかない妻安子の存在で埋められるはずはありませんでした。そこには「女を恋する代わりに神を信じた」自分を否定し、ひたすら「女を恋する」生き方のなかに、河野信子の面影を追い求める有島がいました。

そんな河野信子の面影を胸に抱き続けた有島と妻との関係がうまくいくはずはなかったのです。有島が直面した心の中の〈真空〉は内村のそれと同じものであり、それゆえに近代的自我の限界の自覚を促すものでした。内村はキリストを信じることでその〈真空〉を埋め、近代的自我の限界をこえる地点をわがものとします。しかし有島はついに近代的自我の限界をこえることができませんでした。

内村は帰国後、浅田タケと正式に離婚、新たな人生を歩み始めます。それは内村が自己の内なる

〈真空〉を埋めるものを見いだし、破婚の衝撃を乗りこえたことを意味していました。これに対して有島の場合は、河野信子を失った衝撃を死ぬまで引きずっていたように思います。彼にとって〈真空〉の自覚とは「河野信子の不在」に苦しむことであり、〈真空〉を埋めることは彼女の代わりとなる女性を探すことでした。

有島は波多野秋子に河野信子の面影を見たのではないかと思います。そして彼女の夫が彼らの前に立ちはだかったとき、そこに河野信子との結婚を許さなかった父の姿を見たに違いありません。しかしすでにキリスト教の信仰を捨て、社会主義の思想に身を委ねるべくもないことを知った有島には、既成の身分秩序と戦う術がありませんでした。でも、波多野秋子を失うわけにはいかなかったのです。

軽井沢での心中は、そんな状況における彼の最後の戦いだったのではないかと思います。唐木順三がいうように「少女趣味」でしかないのかもしれませんが、彼は黙って波多野秋子を見送る事態だけは断固として拒否したかったのです。それは彼なりに「河野信子の不在」を埋める行為でした。こうして「河野信子の不在」に限界づけられた有島の人生は「波多野秋子との心中」によって終止符が打たれます。

それは近代的自我の枠内に自閉した自己運動の行きつく果ての姿にほかなりません。近代的自我の限界に直面しつつ、最後まで近代的自我の枠内にとどまった有島と、それを乗りこえた内村との違いは無限の差であったと言わざるを得ません。内村と有島との間には薄皮一枚へだてて無限の距離が横たわっていました。それはモダンとポストモダンをへだてる距離でした。

現代科学の自然認識と社会——自然科学と人間をめぐって

一

3・11の東日本大震災は、地震と津波の巨大なエネルギーによって、圧倒的な自然の力を証するものとなった。それはまごうかたなき明確さをもって人間の社会を襲った。しかしそれは人間の社会を外から包囲する力にとどまるものではなかった。東京電力福島第一原子力発電所の事故は、その周辺に限定核戦争の戦場をつくりだした。それは人間が自らの手で飼いならしたはずの自然の力が、人間のコントロールをこえて、人間の社会を内から襲ったことを意味するものにほかならない。原発の事故がなければ、地震と津波の被害は甚大なものであったとしても、その影響は限定された局地的なものにとどまったであろう。そのような自然災害はこれまでもくり返されてきた。それは人間の社会を外から包囲する力によってもたらされたものでしかないからである。福島原発の事故は、人間の社会を内から脅かす巨大な力の存在を示すものとなった。そこには圧倒的な自然の力が、人間の社会を内と外から挟撃する構造がある。

人間による自然の支配とともに文明は誕生した。それ以後の人類史は、人間による自然の支配が、いや増しに増殖していく過程として進行した。そのような人間による自然の支配を、極限まで徹底したものとして現代文明はある。そしてそれを可能にしたものが、自然科学の成果であることはいうまでもない。近代科学が近代文明を可能にした。現代文明はその延長線上にある。近代の自然科学は、自然（物体）と人間（精神）の実在的区別を前提として、自然を対象的に認識する自然認識の体系として成立した。人間は自然から切り離された認識主体として、自然の外に立つものと位置づけられており、そうであることによって、対象的自然を客観的な自然法則にしたがう自然現象として記述することが可能になった。このような法則的知識の体系として自然科学は成立した。科学的知識は、個々の現象についての経験的知識の集積にとどまるものではなく、法則的知識の体系として成立していることを忘れてはならない。

近代科学の自然認識の枠組みは、自然（物体）と人間（精神）の実在的区別を前提として成立した。そしてそれは法則的知識にもとづく自然の操作的支配に道を開くものとなった。人間の社会は、人間による自然の支配がもたらす工業生産力の向上によって、目覚しい発展を遂げ、人間の活動の自由度は飛躍的に拡大した。二〇世紀はそのような自然科学の成果が、地球的規模で拡大していった時代である。近代科学の自然認識の枠組みは地球的規模で世界を覆いつくし、もはやそれを揺るがすものなどあるはずもなかった。人間による自然の支配は磐石であった。原発の「安全神話」は、そのような誤謬と倒錯のなかで生まれ、維持されてきたものにほかならない。東日本大震災と福島原発の事故は、そのような近代科学の自然認識の枠組みを撃つものとしてある。二一世紀における新しい自然と人間の関係と、新しい社会のあり方が検討されなければならないであろう。

二

二〇世紀は近代科学の自然認識の枠組みが、地球的規模で世界を覆いつくしていった時代である。しかしそれは同時に、近代科学とは異質な自然認識の枠組みをもった現代科学が生まれ、大きく育っていった時期でもあった。近代科学のフロント・ランナーとなった物理学は、現代科学の誕生に際しても、再び主導的な役割を演じることになった。二〇世紀の物理学における最大の発見は、相対論と量子論であり、この二つがなければ、原子爆弾（原爆）も原子力発電（原発）もなかったであろう。それらはまぎれもなく現代科学の所産である。現代科学の誕生は〈広島・長崎〉と〈福島〉を結ぶ一本の道筋へとつながっていた。しかし現代科学がもたらしたものはそれだけではない。それが近代科学の自然認識の枠組みを、根底から覆すものとなっていることを忘れてはならない。そこには自然認識をめぐって、近代科学と現代科学が厳しく鬩ぎ合う構造がある。現代科学の自然認識と社会をめぐる課題もまたそこにこそある。

相対論と量子論の登場は、物理学における革命であった。とりわけ量子仮説の提唱から量子力学の建設に至る量子論の展開は、近代科学の自然認識の枠組みに死を宣告するものとなった。それは自然（物体）と人間（精神）の実在的区別をこえて、人間をその一部として含む自然の姿を明らかにした。人間は自然の長い営みのなかから、自然の一部として生まれ、そのような自然の一部である人間が、認識主体として、自らをその一部として含む自然の構造を明らかにする。量子力学の自然認識はそこに成立する。このような自然認識の枠組みが、近代科学のそれと明確に異なったものであることはいうまでもない。量子力学の成立は、近代科学とは明確に区別された現代科学の誕生であった。現代科学の自然認識の枠組みは、人間をその一部として含む自然の構造に規定されている。それは自然を支配する一切の行為を拒否するものとしてある。自然科学は自然を支配する科学ではなく、自然と共存する科学でなければならない。

物理学は現代の自然科学の先端において、宇宙の始元と物質の根源を明らかにしようとしている。それは物質的自然の起源と成り立ちを明らかにするものにほかならない。そのような現代科学の自然認識の枠組みは、二〇世紀を通じて、他の自然科学の諸分野へと浸透していき、生物的自然や人間的自然を含む、あるがままの自然の姿を明らかにするものとなった。それは生命の発生と生物の進化、人間の誕生と社会の形成を明らかにすることを通じて、歴史的世界の論理的構造を開示する。人間を生みだしそれを包み育む自然、人間の活動を媒介として自己自身を表現する自然の姿が、あるがままの自然と人間の関係の解明を通じて、より大きな広がりのなかで、より一層具体的な形で明らかにされようとしている。これら現代の自然科学の諸分野は、全体として現代科学の自然認識の枠組みを開示し、自然と人間の関係の回復を促すものになっているといえよう。

三

原子爆弾は最初に実用化された現代科学の成果であった。しかしそれは現代科学の自然認識の枠組みのなかで実現されたわけではない。それどころか近代科学の自然認識の枠組みのなかに、現代科学の成果を導入する形で開発されたものにほかならない。そこには現代科学の成果を近代科学の枠組みで管理する構造がある。アメリカの原子爆弾開発計画「マンハッタン計画」は、そのような構造の最初の形態であった。そこには自然を支配する科学の構造の極限的形態がある。そしてそのような科学の構造が、水素爆弾をつくりだし、「原子力の平和利用」という形で、原子力発電への道を切り開いていった。そこには現代科学の自然認識の枠組みのなかで活用すべき現代科学の成果を、近代科学の自然認識の枠組みのなかに封じ込め、そのなかでコントロールできると考える誤謬と倒錯が、それとして自覚することなく含まれていた。それは〈広島・長崎〉の原罪を、十字架として背負った科学の構造であることを忘れてはならない。

現代科学の成果を近代科学の枠組みで管理する構造は、物理学の成果の導入によって、はじめて可能となったものにほかならない。それは現代テクノロジーの成立であった。しかしそのような科学の構造は、物理学以外の他の自然科学の諸分野においても、現代科学の研究を強く促すものとなり、それらの成果は相次いで実用化が図られていった。そしてそれは近代科学の自然認識の枠組みのなかで、近代科学の成果を利用する構造をもった、近代テクノロジーの内部に、それとは異質な自然認識の枠組みを刻印された現代科学の成果を、それとして自覚することなく、大量に導入する結果となった。現代テクノロジーはその内部に、大量の現代科学の成果を含む形で成り立っていることを見落としてはならないであろう。そしてそのような現代テクノロジーに内在する現代科学の成果こそが、テクノロジーの変容を引き起こす要因となり、そのようなテクノロジーの変容を通じて、現代社会の急激な構造的変容が進行している。

現代科学の成果を近代科学の枠組みで管理する構造は、現代科学の成果の相次ぐ導入を経て、現代科学の自然認識の枠組みに深く浸透されたものとなっている。にもかかわらず、近代科学の自然認識の枠組みに執着する心性は、今もなお大きな運動量をもっている。そこには現代テクノロジーの内部に深く浸透した現代科学の自然認識の枠組みと、もはやそれを外から呪縛する外枠でしかない近代科学の自然認識の枠組みが、厳しく鬩ぎ合う姿がある。現代科学の成果を近代科学の枠組みで管理する構造は、過渡期の暫定的形態でしかない。現代科学の成果を、近代科学の自然認識の枠組みから解放し、現代科学の自然認識の枠組みのなかに、正しく定位しなければならない。現代科学の自然認識の枠組みに、正しく呼応する人間の社会のあり方が求められている。近代科学の自然認識の枠組みに執着することは、過渡期の暫定的形態を永続的に固定化することでしかない。

四

東日本大震災と福島原発の事故は、現代科学の成果を近代科学の枠組みで管理する構造の究極の限界を暴露するものとなった。それは自然を外から観察し、そこから自然を支配することができると考える、近代科学の自然認識の枠組みへの根拠なき確信を撃つものといえよう。東日本大震災は、自然が外から人間を包囲する、近代科学の枠組みではコントロールできない巨大な力であることを、まごうかたなき明確さをもって示した。それのみではない。福島原発の事故は、近代科学の枠組みではコントロールできない巨大な力が、その内部にもあることを教えるものとなった。それは自然の圧倒的な力が内と外から、現代科学の成果を近代科学の枠組みで管理する構造を挟撃した事件であった。したがってそこには、現代科学の自然認識の枠組みが、内と外から相呼応して、近代科学の枠組みを挟撃する構造がある。それゆえに自然を支配する科学の構造に規定された人間の社会のあり方を、厳しく問うものといわねばならない。

現代科学の成果を近代科学の枠組みで管理する構造は、原子爆弾開発計画とともに産声をあげた。そして広島と長崎において、その驚くべき力を遺憾なく発揮した。それは自然を支配する科学の構造の極限的形態であった。それが〈広島・長崎〉の原罪を、十字架として背負った科学の構造であることはすでに述べた。そのような科学の構造は、現代科学の自然認識の枠組みを通して開示された、あるがままの自然の姿に無自覚なまま、そのような自然を、近代科学の自然認識の枠組みで管理することができると考える、誤謬と倒錯の産物にほかならない。原子力発電がそのような誤謬と倒錯を秘めた科学の構造の直系の遺産相続人であることはいうまでもない。それは〈広島・長崎〉の原罪を刻印された技術である。そのことを忘れてはならない。「原子力の平和利用」という耳あたりのよい言葉が、あたかも〈広島・長崎〉に対する贖罪であるかのようなイメージを喚起し、その致命的な事実を長期にわたって覆い隠してきた。

東日本大震災と福島原発の事故は、その致命的な事実を白日のもとにさらし、自然を支配する科学の構造の究極の限界を撃つものとなった。〈福島〉は〈広島・長崎〉の原罪と正面から向き合うことを回避してきた自己欺瞞の帰結でしかない。福島原発の事故を、〈広島・長崎〉の原罪に脅かされた時代に続く、〈福島〉の原罪に脅かされる時代の始まりにしてはいけない。現代科学の成果を近代科学の枠組みで管理する構造に規定された時代は、〈広島・長崎〉の原罪に脅かされ続けた時代であった。〈福島〉はそのような時代の終わりを示すものでなければならない。世界史における現代は、近代科学の自然認識の枠組みに規定された時代から、現代科学の自然認識の枠組みに規定される時代への過渡期であった。われわれは〈広島・長崎〉を起点として、〈福島〉を終点とする世界史的過渡期の終わりに立ち会っている。〈福島〉はこのような世界史的過渡期の終わりを示す事件であった。

五

現代科学の成果を近代科学の枠組みで管理する構造に規定された時代は、核兵器の存在に限界づけられた時代であった。そしてそれは全面核戦争による「人類絶滅の可能性」に脅かされ続けた時代であった。それは核エネルギーという形で解放された自然の力を、近代科学の自然認識の枠組みのなかに封じ込め、国家のもとに管理する構造としてあった。全面核戦争による急激な「人類絶滅の可能性」は、冷戦の終結とともに過去のものとなったかに思われた。しかし冷戦後の世界において、大きな政治的課題として浮上してきた地球環境問題は、地球的規模の環境破壊の進行という形で、緩慢な「人類絶滅の可能性」を開示するものとなった。そこには「ゆるやかに進行する全面核戦争」の脅威に直面する人間の社会がある。しかし地球環境問題は、人間の活動に原因があるとしても、そこにおける自然の力は、あくまでも人間の社会に外から迫る脅威であり、内から立ち現れる全面核戦争の脅威と同じではなかった。

だからこそ、地球温暖化対策として原子力発電を推進するという転倒した妄想が、あたかも特効薬であるかのように、まことしやかに語られるという奇妙な事態を現出させたのであろう。そこには外から迫る自然の力に備えるために、内に飼いならした自然の力を利用するという、自然に対する「分断統治」の姿勢を明確に見てとることができる。核エネルギーという形で解放された自然の力を、近代科学の自然認識の枠組みのなかに封じ込め、それを国家のもとに管理する構造への確信は健在であった。しかしそれは自然を支配する科学の構造を守ろうとする最後のあがきでしかない。それは決して実を結ぶはずのない虚しい試みであった。東日本大震災と福島原発の事故は、そのような虚しい試みの虚構を撃つものとなった。福島原発の周辺に出現した限定核戦争の戦場は、自然を支配する科学の構造を、永続的に固定化しようとする誤謬と倒錯の帰結であり、そのような転倒した妄想からの脱却を強く促すものといえよう。

現代科学の成果を、近代科学の自然認識の枠組みから解放し、それを現代科学の自然認識の枠組みのなかに、正しく定位しなければならない。それは自然と共存する科学の構造を構築することであり、そのような科学の構造に呼応する人間の社会を創出することである。〈福島〉をその出発点にしなければならない。〈広島・長崎〉の原罪に脅かされた時代を終わらせることだけが、〈福島〉を未来に生かす道である。〈福島〉の原罪に脅かされる時代の開幕を許してはならない。それを許してしまえば、福島原発の周辺に出現した限定核戦争の戦場は、限定核戦争にとどまらず、全面核戦争の戦場へと拡大するしかないであろう。そしてそれは自然と人間の未来に、取り返しのつかない禍根を残すものとなる。冷戦後の世界は「核廃絶」を通じて「核なき世界」として実現されなければならない。そしてその「核廃絶」は「脱原発」によって完結するものにほかならない。

六

近代科学の自然認識の枠組みは近代国家の基礎となり、自然を支配する科学の構造は近代国家の自己主張と自己拡大を支える機関となった。二〇世紀はそのような国家のあり方が、究極の限界に直面することを余儀なくされた時代であった。核兵器の存在が開示する「人類絶滅の可能性」は、近代国家の究極の限界を暴露するものとなった。現代科学の成果を近代科学の枠組みで管理する構造は、そのような形で限界に直面した国家が、現代科学の成果を利用することで、延命を図ろうとしたものにほかならない。しかし現代科学の自然認識の枠組みは、むしろ国家の自由な行動を制約するものとしてある。核兵器は国家の所有するものでありながら、国家をこえて国家を制約するものであり、現代科学の成果を近代科学の枠組みで管理する構造に含まれた両義性を象徴するものといえよう。冷戦の終結は全面核戦争の可能性を著しく低いものにした。しかしそれは国家が行動の自由を回復したことを意味するものではなかった。

それどころか、冷戦後の世界は、問題解決の単位としての国家の有効性に、疑問を呈するような問題群に満ちている。国家はある種の問題には問題解決の単位として小さすぎ、またある種の問題には大きすぎて、有効な対応ができないという状況にある。そこには地球社会の誕生と地域社会の再生という課題が、内と外から相呼応して国家を挟撃する構造がある。そしてそれは自然と共存する人間の社会が、地球的規模で登場しようとしていることを意味するものにほかならない。東日本大震災においても、日本政府の対応の遅れや不手際が際立つ一方で、国際的支援の動きや、地域社会の自立した活動と連帯が重要な役割を果たすことが多かった。そこに地球社会の誕生と地域社会の再生という、世界史のとどめるべくもない勢いを読みとるべきであろう。日本政府の対応の遅れや不手際は、民主党政権だけの問題でも、菅政権や野田政権に固有の欠陥でもなく、国家の究極の限界がそこに露呈していると考えなければならない。

現代科学の自然認識の枠組みに、正しく呼応する人間の社会のあり方は、地球社会の誕生と地域社会の再生という課題が、相呼応して国家を挟撃する方向に求められなければならない。これまでの人間の社会は、人間が自然を支配する関係を基礎として、人間が人間を支配する関係を、自覚的に組織した社会であった。新しい人間の社会は、自然と人間が共存する関係を基礎として、人間と人間が共存する関係を、自覚的に組織する社会でなければならない。それは自然と人間を国家から解放するものとなるであろう。「核廃絶」と「脱原発」は、そのような新しい人間の社会の実現によって、はじめて可能となるものにほかならない。それは〈広島・長崎〉を起点として〈福島〉を終点とする時代の終わりであり、〈福島〉を起点とする新しい時代の始まりである。東日本大震災と福島原発の事故は、そのような世界史的転回の起点であった。

（註）　本章の分析に用いた理論的枠組みについては、紙幅の制約もあり本文中で十分な説明をすることができなかった。近代科学の自然認識と現代科学の自然認識、冷戦期の国際政治と核兵器の問題、国家と科学、地球社会の誕生と地域社会の再生などについては、以下の拙著を参照していただきたい。

『核時代の思想史的研究』北樹出版、一九八五年。

『日本革命の思想的系譜』北樹出版、一九九四年。

『全共闘運動の思想的総括』北樹出版、二〇一〇年。

巨大科学——国家の枠限界（中馬清福氏との対談）

福島の事故から何を学ぶ——核の完全コントロール無理

中馬　核戦略の専門家である内藤さんから見て、原爆と原発の違いは何ですか。

内藤　研究体制とか、巨大科学の構造としてはほとんど変わらない。ただ核兵器は使わなければ被害は出ないから、データを積み上げて使ったら大変だという認識が生まれれば、造っても使わないという政治判断ができます。一方、原発は現に作動し、エネルギーを取り出している。核エネルギーをコントロールしながらですが。

中馬　だから安心だ、と言われてきました。

内藤　そうでしょうか。限定核戦争論というのがある。限定された核使用なら人間の英知が働いて大丈夫という考えです。でも戦場の状況は複雑だし、過度の緊張による人為的ミスもある。完全なコントロールは無理です。ならば「核は使えない」を前提に政治を動かすしかない——これが核抑止と冷戦構造の枠組みでした。核エネルギーを人為的に制御するのは難しい、ということの事実は原発にも通じるところがあります。

中馬　原子炉内では核反応が起き放射線が出ている。

内藤　爆発の仕方とエネルギーを出す核反応の形は違うが、放射線が出る状況は同じです。戦場で核兵器が爆発して放射線が出ると大地が汚れますね。原発の場合は原子炉の中で同じ状況が起きている。それが壊れ出たということは、福島原発の周辺は事実上、限定核戦争の戦場になっているわけです。

中馬　福島原発事故から学ぶべき点は何ですか。

内藤　地震や津波で原発は外から壊れた。結果として核エネルギーをコントロールする人間の営みも壊れた。人為的ミスも起きた。限定核戦争をめぐる論議で出た問題が原発にも起きたということ。平和利用といっても、自然現象とか人間の営為など不確実なことまで技術はコントロールできません。

中馬　限定核戦争の戦場、という発想は私になかった。

内藤　今回の地震と津波は巨大だったし打撃も大きかった。ただ、過去に照らしての理解はできる。しかし福島は違う。原発が壊れた結果、周辺に事実上の限定核戦争の戦場ができた。地震・津波の被害とは質的に異なる新しい状況。後へ後へと尾を引くと思います。

中馬　すべての面で発想を変える必要がある。思い出すのはアインシュタインの言葉です。「原子力の放出はあらゆるものを変えてしまったので、これまでの思考方法はすべて役にたたなくなった。……もし人類が生存したいのであれば、われわれはまったく新しい思考方法を持つ必要がある」と。

内藤　国家の枠ですべてを考える、そんな思考方法は限界に来ている、ということです。核兵器が解放したエネルギーは全地球を破壊できる力を持っている。だが、その巨大さゆえに、核保有国はかえって身動きできない。国の限界です。

中馬　どうしますか。

内藤　近代社会は「国家こそ神」という考えで成り立つ。そこへ核兵器という巨大な悪の神が登場して国という神が持つ限界を指摘した。対応するには国を超えた大きな枠組みが要る。アインシュタインは世界平和委員会などを考えました。ユートピアっぽいところはあるけど、大きな流れとしては地球規模の枠組みで考えないと。

中馬　その前に科学者の質や科学行政の構造について考えてみたい。内藤さんには「罪を知った科学」という言葉がある。科学は罪深い、と考える科学者はたくさんいますか。

内藤　たくさんはいない。それはね、国家に依存するテクノクラートになって、予算をとって、論文を書いて……。その積み上げで出世できますから。科学に過剰な思い入れを持つと、今の世の中、科学者としては必ず不幸になります。

中馬　それでは誰より国民が不幸です。どうしてそうなってしまったのですか。

内藤　原爆や原発などの巨大科学を運営していくには、高度な科学を使いこなせる科学者を管理する必要がある。米国の原子爆弾は、国家が膨大な資金を投じ内外の頭脳を総動員した、いわゆるマンハッタン計画によってできた。あまり裕福でなかった物理学者たちが、潤沢なお金を使うことになじんだのはあのときだそうです。

中馬　面白い。

内藤　こうして、国家に依存することなしには研究できない構造ができてきた。研究には巨大な予算、人員、組織が必要になり、研究自体が巨大科学になっていく。その構造を通じて初めて研究費が手に入り、巨費を要する研究もでき、名誉も得られる。これがマンハッタン計画以後の巨大科学の姿です。

中馬　日本の場合も？

内藤　軍事研究に直接かかわらない日本でも、巨大科学の研究体制はマンハッタン計画のモデルになっている形にできあがっています。ここでも、高度な知識を持った人間を国家が枠づけして使っていく。

中馬　お上の審議会に入りたい学者は多いですね。非公開資料が入手できる、それをもとに論文が書ける……。

内藤　先日の地震学会で地震学者たちが自己批判しました。地震予知という国家の枠にとりこまれてすごい研究費をもらっているとか、国の政策に都合の悪いことを言ったら仕事を与えられなくなるとか、そんな話が聞こえてきます。そういう地震予知体制に依存するテクノクラートのような位置に科学者が変わっていった。

中馬　そのお金の出どころは税金です。だから「安全」と言い続ける必要がありました。

内藤　安全神話を語る人たちは、原発という偶像崇拝の体制を維持するための神官です。

安全神話でモラルも低下――研究現場の国際化呪縛解く

中馬　原発だけに安全神話があるのではない。科学と国家がもたれあい不当に一体化するときは、いかなる分野でも安全神話は生まれる。

内藤　神を冒瀆する発言を教会が許さないように、国家という神、あるいは国家主体のプロジェクトという偶像崇拝の体制を維持するには「神話」が必要です。それを批判する人間は、神を冒瀆する者として罰せられる構造になっている。

中馬　安全神話は当事者のモラルまで低下させた。原発トラブルを「事故」と書いたら、事故ではなく「異常な事象」だと抗議を受けたことがあります。

内藤　事故は技術がおかしくなって起きたのではないと言いたいのでしょう。ところが、今の高度な技術は多くのパーツやアイテムで成り立っており、それを維持する要員が張り付いていないと動かない。人間なしでは成り立たない。

中馬　やはり人ですか。

内藤　人間の失敗。ヒューマンエラーは必ず起こる。だが、多くは技術システムの問題ですから実は技術の事故なのです。でも彼らはそれを認めない。担当が駄目な奴でミスした、ちゃんとしたのを配置すれば大丈夫――こんなふうに持っていく。技術が悪いのではない、たまたまそこにいた人間の出来がよくなかった、だから事故ではないという言い方です。

中馬　原発はいずれ完全無欠な存在になりますか。

内藤　いや。人間が介在することなしに維持できる技術は本質的にありません。高度になればなるほど人間もたくさん必要で、するとヒューマンエラーによるリスクも大きくなる。人間と機械のこのトレードオフのような関係はなくならない。ミスを犯す可能性のある人間が補いあいながらやっていける技術。これでなければ駄目です。

中馬　国家にとらわれた科学や科学者を取り戻すにはどうしたらいいでしょう。

内藤　大学院生のころ、ある物理学研究所が国のプロジェクトとして発足した。しかし今や一国では駄目で、国際協力しかありません。すると、それぞれの研究施設が異文化コミュニケーションの場になってくる。各国からの「ひも付き」ではあるんですよ。でも、さまざまの国の人たちが一緒に研究する、そんな関係になるとね、ある種のグローバルな感性のようなものが身についてくる。何かが変わるかもしれない、と思うところはあります。

中馬　冷戦期、米ソの学者がお互いファーストネームで呼びあいながら核問題を議論する、そんな風景を米国の大学で見たことがあります。

内藤　核については、米ソの共同管理のような構造が実際にはできあがった。一面で、それが国家を逆に相対化していくような力を持ってきた。研究現場はあちこちで国際化してきました。インターナショナルでグローバルな研究現場の学者同士の交流が進むと、それぞれの研究者が国家の呪縛から解き放たれる、そういうことがあり得るかもしれません。

現代科学の「岩」と「上部建築」——自然認識と研究体制の亀裂

３・11の東日本大震災と東京電力福島第一原子力発電所の事故は、科学と科学者のあり方を根底から問うものとしてあった。地震学者は大規模な地震と津波の予知に失敗したことを自己批判し、原子力関係者は原発の「安全神話」の崩壊を前にして醜態をさらしている。そこには「専門家」への不信と懐疑が渦巻いている。

大規模な地震と津波は、人間の社会を外から包囲する圧倒的な自然の力を証するものであった。これに対して福島原発の事故は、人間が自らの手で飼いならしたはずの自然の力が、人間のコントロールをこえて、人間の社会を内から襲ったことを意味していた。そこには圧倒的な自然の力が、人間の社会を内と外から挟撃する構造がある。それは科学の力で自然をコントロールできると考えてきた、近代文明の根幹を揺るがすものといわねばならない。そこには現代科学の自然認識と研究体制の亀裂がある。

広重徹は「近代日本の科学体制」を論じた古典的名著『科学の社会史』（中央公論社、一九七三年）

において、現代科学のあり方を「科学の体制的構造」と定式化している。

ここで科学の体制的構造とよんだのは、広い意味での科学的活動、すなわち科学の研究・教育とそれに付随する活動を維持し、発展させるために社会的につくりあげられている組織の全体のことである。この体制的構造をひとことで特徴づけるなら、国家を中核とした科学・産業・国家（軍事を含む）の一体化ということができよう。

このように科学が国家と産業のそれぞれに包摂され、研究開発において国家と産業が癒着することによって、国家・産業・科学の三位一体ができあがる。科学はこんにちの社会体制をしてまさに体制たらしめる、本質的契機の一つとなったのである。こんにちの科学は現存の社会体制の隅々にまではいりこみ、それを維持する不可欠の要素となった。そしてその結果として逆に、科学の全活動はこの体制に全面的に依存し、それから規定されるのである。

このような体制的構造のもとでは、科学者はもはや体制に依存し、体制の維持を任務とするテクノクラートとしてしか存在しえない。そしてそのような体制化した科学と科学者のあり方が、現代科学の「野放図な、反人民的な発展」を許しているのである。このような科学と科学者のあり方に対して、広重は「科学の前線配置」を変えなければならず、そのために「科学のコントロールの主導権を資本や国家からわれわれの手にとりもどす努力が必要である」と指摘し、科学は「全人民的なコントロールのもとにおかれねばならない」と主張する。

広重にとって、科学の体制的構造はまさに目の前に出現しつつある構造であった。しかし今日の科学者たちにとって、それはもはやあまりにも日常的な風景でしかない。そしてそれゆえに、そのことを意識することもない。体制の維持のために「反人民的」な行為をくり返して恥じない専門家の姿は、もはやあまりにもありふれた光景であるといえよう。そこに専門家への根強い不信が生じる原因がある。だからこそ、自閉的な専門家集団の自律性に委ねることはできず、科学への社会的なコントロールが喫緊の課題となるのである。3・11はその集約的な表現としてあった。

しかし「科学の前線配置」を変えなければならないとしても、科学のあり方それ自体のなかに、そのような変化を可能にする内在的要因がなければ、「全人民的なコントロール」といえども、科学者にとっては外在的制約でしかないであろう。それだけでは「科学のコントロールの主導権を資本や国家からわれわれの手にとりもどす」ことはできない。科学のあり方それ自体のなかに、変化を可能にする内在的要因を探しだし、そこで科学者と全人民の連帯を実現しなければならない。そしてそのための手がかりは、現代科学の研究体制が切り開いた自然認識のなかにこそある。

現代科学が近代科学の発展の帰結としてあることはいうまでもない。現代科学は近代科学の正統な遺産相続人である。しかし近代科学の延長線上にその量的拡大としてのみあるわけではない。自然認識における決定的な断絶を見落としてはならないであろう。近代科学の自然認識は、自然（物体）と人間（精神）の実在的区別を前提としていた。そこには自然を支配する科学があった。これに対して現代科学の自然認識は、人間をその一部として含んだものとして自然をとらえている。そこに自然（物体）と人間（精神）の実在的区別はない。それは自然と共存する科学にほかならない。

人間は自然の長い営みのなかから、自然の一部として生まれ、そのような自然の一部である人間が、認識主体として、自らをその一部として含む自然の構造を明らかにする。現代科学の自然認識はそこに成立する。このような自然認識のあり方が、近代科学のそれと明確に異なったものであることはいうまでもないであろう。現代科学の研究体制は近代科学の枠組みにもとづいて組織されている。それは近代科学の自然認識を踏まえたものである。にもかかわらず、そのような現代科学の研究体制は、近代科学とは明確に異なる自然認識の地平を切り開いていった。

そこに現代科学の自然認識と研究体制の亀裂がある。現代科学の研究体制は、自らが切り開いた自然認識に秘められた、大きな可能性に十分自覚的であるとはいえない。そこには現代科学の成果を近代科学の枠組みで管理する構造があり、そのような体制の防衛に狂奔する科学者の姿がある。現代科学の自然認識に正しく呼応する研究体制の再編がなされなければならないであろう。それだけが「科学の前線配置」の変更を可能にし、「専門家」への不信と懐疑から、科学と科学者を解放する唯一の道である。そしてそのような科学と科学者だけが、国家をこえて全人民とつながることができる。

内村鑑三は『余は如何にして基督信徒となりし乎』のなかで、「純粋単純な基督教」と「装飾された教義化された基督教」を区別し、それらを確固不動な「岩」と不真実な信徒達が建てた「上部建築」と呼んでいる。不真実な信徒達が建てたものにもかかわらず、その「上部建築」は確固不動な「岩」の所在を指し示している。しかし「上部建築」は「岩」を正しく踏まえたものでなければならない。現代科学の自然認識と研究体制の関係は、この「岩」と「上部建築」の関係に酷似している。

現代社会には科学と科学者への不信と懐疑が渦巻いている。それは「不真実な信徒」と化した科学者が建てた「上部建築」のためである。しかし現代科学の自然認識は、科学における確固不動な「岩」の所在を指し示している。そこに現代科学に残された最後の希望がある。そのような確固不動な「岩」を正しく踏まえた、現代科学の「上部建築」が考えられなければならないであろう。3・11はそのことを教えるものにほかならない。

現代科学の地平に甦る縄文の精神

生態系の保全や共同体の再建、エコロジカルなライフスタイルへの転換、ターミナルケアや自然葬など、既成の宗教や近代合理主義に代わる思惟と行動の様式を探る動きのなかに、縄文の精神の甦りが感じられる。無限に多様な「スピリチュアル」をめぐる動向のなかに、縄文の精神の甦りを読みとる視点から、現代社会の直面する課題について考えてみたいと思う。もちろん「スピリチュアル」なものへの共感やコミットメントが、すべて縄文の精神の甦りというわけではない。そこには「工の思想」に「農の思想」を対置する農本主義の思想や、現代科学の成果を神秘主義的に解釈するテクノオカルティズムなどが、エコロジーの思想と未分化なまま混在している。デカルト主義に対するロマン主義の系譜に属するものも見受けられる。

このように錯綜する「スピリチュアル」という言葉や思想であるが、そこには自然から生まれ、自然とともに生き、自然に還る死生観、自然の復元力を破壊することなく、自然と共存するライフスタイル、拡大再生産を志向せず、安定性を強く志向する、富の平準化がはたらく社会、という共通した特徴を見てとることができるであろう。それは縄文時代の死生観、自然観、世界観であり、縄文の精神にほかならない。これに対して弥生時代は拡大再生産を目的とする社会であり、自然の不可逆的な改変を通じて、自然を破壊するライフスタイルによって特徴づけられていた。弥生の精神は自然と共存するのではなく、自然を支配することによって、人間の自由度を拡大しようとするものとしてあった。弥生の精神は農業社会（水田稲作社会）の思惟と行動の様式であり、縄文の精神は農業社会以前の自然社会（狩猟採集社会）の思惟と行動の様式であった。

この国の農業社会は、水田稲作の導入による縄文の精神から弥生の精神への転回を経て成立した。したがってそこにおける「農の思想」は、弥生時代の死生観、自然観、世界観を基本的枠組みとするものであり、自然を支配する「農の思想」としてあった。明治以降に西洋から「工の思想」が導入されるまで、この国の農業社会はこのような「農の思想」に呪縛された社会であった。それは弥生の精神が縄文の精神を抑圧することによって成立し維持される社会にほかならない。明治以降の近代化は、このような「農の思想」から「工の思想」への転回の過程として進行した。それは生物的自然と人間の関係を基礎とする農業社会から、物質的自然と人間の関係を基礎とする工業社会への転回であった。こうしてこの国に「工の思想」に呪縛された社会が出現した。このような「工の思想」に「農の思想」を対置する農本主義の思想はなお根強いものがある。

西洋の「工の思想」が近代科学の自然認識を踏まえた、近代の死生観、自然観、世界観を基本的枠組みとすることはいうまでもない。近代科学は自然（物体）と人間（精神）の実在的区別を前提として、客観的な法則的知識の体系によって、自然を認識することを可能にした。それは自然の操作的支配に道を開くものであった。近代の「工の思想」は自然を支配する「工の思想」であった。近代市民社会はこのような「工の思想」に呪縛された、拡大再生産を目的とする社会であり、自然の不可逆的な改変を通じて、自然を破壊するライフスタイルによって特徴づけられた社会としてある。近代の「工の思想」は自然と人間の関係を、生物的自然と人間の関係から、物質的自然と人間の関係へと拡張することによって「農の思想」を徹底したものでしかない。それは「農の思想」の正統な継承者であった。農本主義の思想はそのことに無自覚な思想であった。

近代科学の精神は弥生の精神を受け継ぐものといえよう。現代科学はそのような近代科学の発展の帰結としてある。しかしその延長線上にとどまるものではない。現代科学は自然（物体）と人間（精神）の実在的区別をこえて、人間を含む自然の構造を明らかにしようとしているからである。人間は自然の長い営みのなかから自然の一部として生まれ、自らをその一部として含む自然の構造を解明する主体となる。それは自然を支配するのではなく、自然と共存する自然認識の地平を開示する。そこに縄文時代の死生観、自然観、世界観に通底する特徴を見てとることができるであろう。現代科学の精神は自然と人間の関係を、生物的自然と人間の関係から物質的自然と人間の関係へと拡張することによって、縄文の精神を現代に甦らせたものと考えることができよう。現代の「工の思想」はそのような現代科学の精神を宿していることを忘れてはならない。

そこには現代科学の成果を近代科学の枠組みで管理する構造がある。現代の「工の思想」は、自然を支配する「工の思想」から、自然と共存する「工の思想」への転回を含んでおり、近代科学の精神から現代科学の精神への転回を経て成立する、新しい社会の出現を予期するものといえよう。それのみではない。現代科学の精神は、弥生の精神が縄文の精神を抑圧することで維持される「農の思想」と、近代科学の精神に呪縛された「工の思想」を、ともに自然を支配する思想として揚棄することを自らの任務としている。したがってそれは必然的に縄文の精神を「農の思想」から解放するものとなるであろう。縄文の精神はエコロジーの思想であって、農本主義やロマン主義の思想ではない。現代科学はどこまでも科学的な事実と方法にもとづいて、人間を含んだ自然の構造を解明しようとしているのであり、そこに神秘主義的解釈の介在する余地はない。

現代社会に蔓延する「スピリチュアル」なものへの共感やコミットメントは、現代科学の地平に甦った縄文の精神の表出としてである。それは現代科学が明らかにした、無限に多様な自然と人間の関係に正しく呼応する、人間と人間の関係を志向するものにほかならない。それは現代社会が、自然を支配する社会から自然と共存する社会への転回という、世界史的過渡期にあることを証するものであり、そこにおける「スピリチュアル」なものの表出は、新しい社会のあり方を模索する試行錯誤の諸相を示すものといえよう。しかしそれらの共感やコミットメントのなかには、そのことに十分自覚的とはいえないものも少なくない。個人の安心立命や個別利益の追求に自閉する水準にとどまるものも見受けられる。「スピリチュアル」なものを、対象的方向に実体化する思惟と行動の様式もないわけではない。そこには神秘的直観と行為的直観の混同がある。

現代科学の精神を近代科学の精神と同一視すべきではない。縄文の精神を弥生の精神と混同してはならない。それでは現代に甦った縄文の精神を、現代科学の地平に正しく着地させることはできないであろう。縄文の精神が現代科学の地平から遊離して浮遊するかぎり、「スピリチュアル」なものへの共感やコミットメントが、時代の課題に呼応するものとなることはできない。「スピリチュアル」なものに「危険性」や「いかがわしさ」がまとわりつくのは、そのような無自覚なあり方によるものといえよう。縄文の精神は弥生の精神から、現代科学の精神は近代科学の精神から自らを解き放ち、そこにまとわりつく神秘的直観を洗い流して、新しい社会への道を自覚的に切り開かねばならない。

グローバル化の両義性と歴史の弁証法

一

グローバル化の進展はヒト、モノ、カネ、情報が国境をこえて自由に流通することを可能にし、主権国家という政治的統合の単位と問題解決の枠組みを急速に過去のものにしていこうとしている。それは近代国民国家と近代市民社会の理念の終焉を意味するものとしてある。近代国民国家と近代市民社会に代わる政治的統合の単位と問題解決の枠組みが考えられねばならない。そのようなグローバル化が地球的規模で構築されたネットワーク・テクノロジーによってもたらされたことはいうまでもない。そこにはテクノロジーの変容があり、テクノロジーの変容に媒介された現代社会の構造的変容がある。

グローバル化は地球的規模の課題に呼応するものであり、無限に多様で個性的な人間の国境をこえた連帯は不可避である。それは地球社会への道である。そこには初期社会主義がめざした、人類の普遍主義的な価値としての「自由」「平等」「博愛」に通じるものがある。しかし現実のグローバル化は、それらの価値を否定する方向に進んでいるように見える。現代のグローバリズムは「差別」「偏見」「憎悪」を地球的規模で再生産するものでしかない。そこにはアメリカ帝国主義のグローバル化があるばかりである。それは世界帝国への道である。そこに主権国家をこえた、より大きな政治的統合の単位と問題解決の枠組みへの意志はあっても、近代国民国家と近代市民社会の理念をこえるものはない。

近代国民国家と近代市民社会の理念が、近代ヨーロッパの政治の構造に起源をもつことはいうまでもない。近代ヨーロッパの政治の構造は、主権国家を政治的統合の究極の単位として、そのような国家と国家の関係によって世界を秩序づける構造として成立した。国家内政治（国内政治）によって政治的統合を達成した国家は、国家間政治（国際政治）の主体として世界史の舞台に登場した。それは主権国家と国際社会の成立であった。そこには教会のような国家より上位の主体（超国家主体）も、領邦や自治都市のような国家より下位の主体（亜国家主体）も存立する余地はなかった。国家のみがそこにおける唯一の主体であった。それは国家に一元化された構造の成立としてあった。

近代の開幕は近代的自我の自覚に始まる。それは近代的個人の誕生であった。近代市民社会はそのような個人を単位として合理的に構成された社会にほかならない。近代国民国家は近代市民社会を主権国家の枠内に秩序づけるものとして成立した。それは近代的自我として自己を自覚した個人を画一的な国民へと転化し、そのような国民を「部品」として合理的に構成された「機械」のような国家であった。それは個別的で多様な具体的人間を画一的で一様な抽象的人間へと疎外するものにほかならない。近代的自我として自己を自覚した個人は均一的な原子的個として、国家という「機械」を構成する画一的な「部品」になった。それは機械論的原子論にもとづく国家であった。

このような主権国家と国際社会の枠組みは、一九世紀を通じて地球的規模へと拡大し、二〇世紀の初めにはほぼ地球全域を覆いつくすに至った。それは産業革命を経て形成された近代の工業生産力が世界を一つにしていく過程でもあった。そしてそれは地球的規模で国家をこえた課題を開示するものとなった。主権国家と国際社会の枠組みは、国家をこえた課題に直面することを余儀なくされている。地球的規模で構築されたネットワーク・テクノロジーは、国家をこえた課題の自覚を促すものとしてある。二〇世紀はそのような課題が地球的規模で顕在化していく過程でもあった。二〇世紀末に始まったグローバル化は、そのような過程の延長線上に位置づけるべきものといえよう。

グローバル化は不可避である。主権国家と国際社会の枠組みに代わる新しい政治的統合の単位と問題解決の枠組みが求められている。現実に進行するグローバル化がそのような課題に応えるものでないとしても、ローカリズムやリージョナリズムを実体化して対置するだけでは、現代のグローバリズムに対抗することはできない。そこには世界帝国と地球社会という異なる二つの理念の対立が未分化なまま含まれているからである。グローバル化に内在する二つの理念を分離しなければならない。それなしに現代のグローバリズムに対抗することはできないであろう。

二

近代国民国家は機械論的原子論にもとづく国家であった。そしてそのような近代国家のあり方が近代科学の自然認識の枠組みに呼応するものであることはいうまでもない。主権国家と国際関係の枠組みが地球的規模へと拡大していったのは、近代科学の成果とそれをふまえた近代テクノロジーの発展によるものであった。近代テクノロジーは近代国家を支える土台であった。それは自然と人間の関係を自覚的に組織し、それをふまえて人間と人間の関係を自覚的に組織するものにほかならない。そこには機械論的原子論にもとづいて構成された自然と、機械論的原子論にもとづいて構成された社会があった。

近代の自然科学は自然（物体）と人間（精神）の実在的区別を前提として、自然を対象的に認識する自然認識の体系として成立した。自然は人間の主観から独立かつ客観的に存在する実体であった。これに対して人間は自然から切り離された認識主体として、そのような自然の外に立つものと位置づけられていた。そしてそのようなものであることによって、対象的自然を客観的な自然法則にしたがう自然現象として記述することが可能になった。自然は機械的法則にしたがう要素的実体の集合であった。このような法則的知識の体系として近代科学は成立した。科学的知識は経験的知識の集積にとどまるものではなく、法則的知識の体系として成立していることを忘れてはならない。

近代科学は自覚的な方法と論理をもった知的営為として登場した。そしてそれは法則的知識にもとづく自然の操作的支配に道を開くものとしてあった。こうして人間は自然に対する支配者としての地位を確保した。近代テクノロジーは人間が自然を支配する関係を自覚的に組織したものにほかならない。そこには近代科学の成果を近代科学の枠組みで管理する構造があった。それは工業生産力の目覚ましい向上をもたらし、それによって人間の活動の自由度は飛躍的に増大した。しかしそれは同時に、人間が人間を支配する関係を呼び寄せるものでもあった。そこには人間が自然を支配する関係を自覚的に組織し、それをふまえて人間が人間を支配する関係を自覚的に組織する構造があった。

二〇世紀は近代科学の自然認識の枠組みが、地球的規模で世界を覆いつくしていった時代である。しかしそれは同時に、近代科学とは異質な自然認識の枠組みをもった現代科学が生まれ、大きく育っていった時期でもあった。近代科学のフロント・ランナーになった物理学は、現代科学の誕生に際しても、再び主導的な役割を演じることになった。二〇世紀の物理学における最大の発見は、相対論と量子論であり、この二つがなければ、地球的規模で構築されたネットワーク・テクノロジーもなければ、目覚ましい発展をとげた情報科学や生命科学の成果もなかったであろう。それらはまぎれもなく現代科学の所産であった。それは近代科学の自然認識の枠組みを根底から覆すものとしてある。

相対論と量子論の登場は物理学における革命であった。とりわけ量子仮説の提唱から量子力学の建設に至る量子論の展開は、近代科学の自然認識の枠組みに死を宣告するものになった。それは自然（物体）と人間（精神）の実在的区別をこえて、人間をその一部として含む自然の姿を明らかにした。人間は長い自然の営みのなかから、自然の一部として生まれ、そのような自然の一部である人間が認識主体として、自らをその一部として含む自然の構造を明らかにする。量子力学の自然認識はそこに成立する。このような自然認識の枠組みが、近代科学のそれと明確に異なるものであることはいうまでもないであろう。量子力学の成立は、近代科学と明確に区別された現代科学の誕生であった。

現代科学の自然認識の枠組みは、人間をその一部として含む自然の構造に規定されている。それは機械論的原子論にもとづいて構成された自然を拒否する。そしてそれゆえに自然を支配する一切の行為を拒否するものとしてある。自然科学は自然を支配する科学ではなく、自然と共存する科学でなければならない。現代科学は自然と人間の共存する関係を明らかにすることを通じて、人間と人間の共存する関係の回復を促すものになっているといえよう。それは機械論的原子論にもとづいて構成された社会を拒否する。現代科学は機械論的原子論を解体するものであった。

三

現代物理学は相対論と量子論を統一する方向に、宇宙の始元と物質の根源を明らかにしようとしている。自然はもはや機械的法則にしたがう要素的実体の集合ではない。物質現象を支配する機械的法則は確率的法則に置きかえられ、要素的実体としての物質粒子は「量子化された場（量子場）」としてとらえ直された。物質現象は「量子場の相互作用」として記述される。物質的自然の成立と形成は「量子場の相互作用」の自覚的発展の過程と考えることができるであろう。それが現代科学の先端に開かれた自然認識の地平であった。それは機械論的原子論の端的な終焉を意味するものにほかならない。

現代物理学が明らかにした新しい自然認識の枠組みは、物質的自然についての認識を変更するにとどまるものではなかった。物質的自然だけでなく、生物的自然と人間的自然の成立と形成もまた、このような「量子場の相互作用」の自覚的発展の過程において考えるべきものといえよう。生命の発生と人間の誕生は、そこにおける新たな発展段階を画するものにほかならない。物質的自然のなかから生物的自然が生まれ、生物的自然のなかから人間的自然が生まれた。それは物質的自然と生物的自然と人間的自然を含む、歴史的自然の成立と形成をつらぬくものにほかならない。そしてそのような歴史的自然のなかから、人間的社会が生まれてきたのである。それは歴史的世界の成立であった。

このような現代科学の自然認識の枠組みは、二〇世紀を通じて、他の自然科学の諸分野に浸透していき、生物的自然と人間的自然を含む、あるがままの自然の姿が明らかにされていった。それは生命の発生と生物の進化、人間の誕生と社会の形成を明らかにすることを通じて、歴史的世界の論理的構造を開示する。人間をその一部として含む自然、人間を生みだしそれを包み育む自然、人間の活動を媒介として自己を表現する自然の姿が、あるがままの自然と人間の関係の解明を通じて、より大きな広がりのなかで、より一層具体的な形で明らかにされようとしている。現代の自然科学の諸分野は、全体として現代科学の自然認識の枠組みを開示するものになっているといえよう。

自然（物体）と人間（精神）の実在的区別を前提とする近代科学の自然認識のあり方を批判し、人間をその一部として含む自然、人間を生みだしそれを包み育む自然こそが、そのあるがままの姿であることを主張したのは、量子力学がはじめてではない。一九世紀のロマン主義の文学や哲学は、自らをその一部として含む自然の構造を語るものとしてあった。しかしそれは直観的な方法による自然への共感を語るにとどまり、自覚的な方法にもとづく自然科学としての実質をもつものではなかった。自然科学に対抗して登場した自然哲学は、自然との心情的な一体化を求めるものであっても、自らをその一部として含む自然の構造を、自覚的な論理の体系として明らかにするものとはいえない。

現代科学の自然認識の枠組みは、このようなロマン主義の自然認識のあり方を、自覚的な論理の体系としてとらえ直したものと考えることもできよう。それは自覚的な方法と論理をもった自然認識の体系としてある。そしてそのようなものであることによって、歴史的世界の論理的構造を明らかにするものとなった。それは自然と人間の関係の回復を通じて、人間と人間の関係の回復を促すものといえよう。それは無限に多様な自然の活動と、無限に多様な人間の活動が織りなす、無限に多様な関係の総体をあるがままに認め、そこに身を置くことにほかならない。そこに原初の関係がある。歴史的世界における原初の関係を自覚し、そこから新たな歴史的世界の形成へと進まねばならない。

現代科学は人間の自然認識と自己認識に革命的な変革を迫るものであった。しかしそれは単なる〈知識〉や〈観念〉として、人間に自然認識と自己認識の変革を迫るだけではない。現代科学の成果は様々な形で実用化が進められ、現代テクノロジーを構成する不可欠の要素として、多様な形態をとって現代社会のなかを広範囲に流通している。それは〈知識〉や〈観念〉としてではなく、具体的な〈道具〉や〈装置〉という形で現代社会に寄りそっている。現代科学はそれらの〈道具〉や〈装置〉を通じて、現代社会に影響を及ぼしていることを忘れてはならない。

四

現代科学の成果は様々な形で実用化が進められ、現代テクノロジーを構成する不可欠の要素として、すでに大きな広がりをもっている。しかしそれらの成果は現代科学の自然認識の枠組みのなかで実用化が進められてきたわけではない。現代テクノロジーは近代テクノロジーの内部に現代科学の成果を導入する形でつくられたものだからである。それは近代テクノロジーの延長線上に位置するものであり、現代科学の成果を近代科学の自然認識の枠組みのなかで利用するものとしての性格は否定できない。現代テクノロジーは現代科学の成果を近代科学の枠組みで管理する構造をもつものといえよう。

現代科学の成果を近代科学の枠組みで管理する構造は、現代物理学の成果を導入することではじめて可能になったものである。それは現代科学の自然認識の枠組みのなかで活用すべき現代科学の成果を、近代科学の自然認識の枠組みのなかに封じ込め、その枠内でコントロールできると考える誤謬と倒錯を、それとして自覚することなく含んでいた。しかしそのような科学の構造は、物理学以外の他の自然科学の諸分野においても、現代科学の研究を強く促すものであり、それらの研究成果は相次いで実用化へと進んでいった。地球的規模で構築されたネットワーク・テクノロジーも、目覚ましい発展をとげた情報科学や生命科学の成果も、そのような科学の構造の所産であった。

現代科学の成果を近代科学の枠組みで管理する構造は、近代科学の自然認識の枠組みのなかで、近代科学の成果を利用する構造をもった近代テクノロジーの内部に、それとは異質な自然認識の枠組みを刻印された現代科学の成果を、それとして自覚することなく、大量に導入する役割を果たしている。現代テクノロジーはその内部に、大量の現代科学の成果を含むものになっていることを見落としてはならないであろう。このような現代テクノロジーに内在する現代科学の成果こそが、テクノロジーの変容を引き起こす要因となり、そのようなテクノロジーの変容を通じて、現代社会の構造的変容が進行している。それは現代テクノロジーの内在的構造に含まれた自己否定の契機にほかならない。

そこに歴史の弁証法がある。現代テクノロジーの内在的構造は、近代科学の枠内で現代科学の研究を促進する構造をもっており、現代科学の成果の相次ぐ導入を経て、現代科学の自然認識の枠組みに深く浸透されたものになっている。近代科学の枠組みのなかに導入された大量の現代科学の成果こそ、歴史の弁証法を駆動する原動力であった。もはや近代科学の枠組みは現代テクノロジーの内在的構造を外から呪縛する外枠でしかない。そこには現代テクノロジーの内部に深く浸透した現代科学の自然認識の枠組みと、それを外から呪縛する外枠でしかない近代科学の自然認識の枠組みが、きびしく鬩ぎ合う構造がある。それは歴史の弁証法に限界づけられた過渡期の形態にほかならない。

にもかかわらず、近代科学の枠組みに執着する心性は、今もなお大きな運動量をもっている。現代科学の研究に従事する現代の科学者といえども、その大部分は今もなお、近代科学の研究に従事する科学者としての自意識を維持しているように見受けられる。彼らは今もなお歴史の弁証法に無自覚なままである。にもかかわらず、彼らは現代科学の研究を推進することを通じて、それとして自覚することなく、歴史の弁証法を駆動する役割を演じている。主観的には近代科学の枠組みに忠実なつもりでも、客観的には現代科学の枠組みに呼応するものになっているからである。そこに過渡期の両義性がある。現代の科学者はそのような過渡期の両義性の狭間に置かれていることを忘れてはならない。

現代テクノロジーの内在的構造は、テクノロジーが近代科学の自然認識の枠組みにもとづくものから、現代科学の自然認識の枠組みにもとづくものへと変わっていく過渡期の途上にあることを示すものであった。現代テクノロジーに内在する現代科学の成果を、近代科学の自然認識の枠組みから解放し、現代科学の自然認識の枠組みのなかに正しく定位しなければならない。それのみではない。現代科学の自然認識の枠組みに正しく呼応する人間的社会のあり方が求められている。それは現代社会の構造的変容の彼方に何が待ち受けているかを考えることにほかならない。

五

現代科学の自然認識の枠組みは、自然と人間の関係に変革をもたらし、そのことを通じて、人間と人間の関係に変革を迫るものになっていた。地球的規模で構築されたネットワーク・テクノロジーは、無限に多様で個性的な人間の活動を含んで成り立つ、高度に集積されたシステムをつくりだし、情報科学や生命科学の発展は、物質的自然と生物的自然と人間的自然の統一的な理解に道を開いた。そしてそれは人間的社会のあり方を地球的規模で変えていこうとしている。そこには地球的規模で進行するテクノロジーの変容があり、そのようなテクノロジーの変容に媒介された現代社会の構造的変容がある。

グローバル化は近代科学の枠組みに呼応する社会から、現代科学の枠組みに呼応する社会への変容を意味するものであった。それは現代社会が国際社会から地球社会への移行過程にあることを示すものといえよう。グローバル化の彼方に出現する社会は、自然と人間の共存する関係を自覚的に組織し、それをふまえて人間と人間の共存する関係を自覚的に組織する社会でなければならない。しかしそのような変容の過程は、現代科学の成果を近代科学の枠組みで管理する構造に規定される形で進行している。世界史の表層は近代科学の枠組みに支配されたものとして推移しているが、その深層には現代科学の枠組みが確実に成長している。そこにグローバル化の両義性があり、歴史の弁証法がある。

グローバル化は国家をこえた地球的規模の課題を開示し、主権国家と国際社会の枠組みに代わる新しい政治的統合の単位と問題解決の枠組みを要求している。そこには国家より大きな問題解決の枠組みを必要とする課題がある。しかしそれは同時に、国家より小さな問題解決の枠組みを必要とする課題の所在を教えるものでもある。グローバル化は地球社会の誕生と地域社会の再生の相呼応する構造のなかで進行している。それは近代国民国家と近代市民社会の理念にためらうことなく死を宣告するものとしてある。世界史の深層で成長を続けてきた、新しい人間的社会が表層にその姿を現そうとしている。それは現代科学の枠組みに正しく呼応した人間的社会の登場にほかならない。

近代市民社会は機械論的原子論にもとづいて構成された社会であった。それは要素的実体としての原子的個を機械的法則にもとづいて秩序づける社会である。これに対して地球的規模で構築されたネットワーク・テクノロジーは、無限に多様で個性的な人間の活動を含み、そのような量子的個を「量子場の相互作用」的な関係のなかに統合していく構造をもっている。それは局所的に密度の高い共同性を成り立たせるとともに、それを閉鎖的な共同性としてではなく、地球的規模の関係性へと開いていくものでもある。地球社会の誕生は地域社会の再生をともない、地域社会の再生は地球社会の誕生へと通じている。それは生態系とよく似た構造をもつ人間的社会のあり方としてある。

世界史の現段階は国際社会から地球社会への移行過程の最終局面にある。にもかかわらず、近代科学の枠組みに呪縛された社会のあり方に執着する心性は、地球的規模の政治的統合と問題解決の枠組みを、近代国民国家の理念にもとづいて考えることができると信じているように見受けられる。アメリカ帝国主義のグローバル化でしかない現代のグローバリズムは、近代国民国家の理念を同心円的に拡大することで、地球上に唯一の主権国家をつくりだし、主権国家の並存する国際社会の枠組みをこえることができると考えている。しかしそれは機械論的原子論にもとづいて構成された社会を、唯一の主権国家の枠内に秩序づけるものでしかない。それは世界帝国への道である。

世界帝国は近代科学の枠組みに呪縛された社会の極限的形態でしかない。それは現代科学の成果を近代科学の枠組みで管理する構造を、近代科学の枠組みを通して眺めたときに映しだされる光景ではあっても、そこに内在する現代科学の成果の役割を正しく理解したときに見えてくる光景ではない。現代科学の自然認識は世界帝国への道を拒否する。グローバル化の両義性と歴史の弁証法は、地球社会への道を指し示すものであり、世界帝国への道が断ち切られていることを証するものといえよう。現代のグローバリズムは過渡期の時間差のなかに生じた幻影にすぎない。

六

現代のグローバリズムはグローバル化の表層に浮かぶ幻影でしかない。したがってそれを実体化するだけでは、有効な対抗軸は見えてこないであろう。現代のグローバリズムに対して、ナショナリズムが無力なことはいうまでもない。それはグローバルな主権国家にナショナルな主権国家を対置するものでしかないからである。そこに思想的な新しさはない。しかしローカリズムやリージョナリズムといえども、グローバル化に対する外在的批判にとどまるかぎり、やはり有効な対抗軸になることはできない。それらはグローバル化の両義性と歴史の弁証法に十分自覚的であるとはいえないからである。

初期社会主義がめざした、人類の普遍主義的な価値としての「自由」「平等」「博愛」は、現代のグローバリズムとは正反対の方向に、グローバル化の課題を追求したものといえよう。それは地球的規模で人間と人間の共存する関係を構築しようとした。そこには地球社会への道を模索する姿勢がある。しかしそれは自覚的な方法と論理をもったものとはいえず、ロマン主義の思想に通じる弱点をもっていたことは否定しえない。したがってそのままでは現代のグローバリズムに対抗することはできない。初期社会主義は、現代科学の自然認識の枠組みと現代テクノロジーの内在的構造について正しい理解をふまえ、自覚的な方法と論理をもった思想として再生しなければならない。

グローバル化の両義性と歴史の弁証法は、そこに未分化なまま含まれていた、世界帝国への道と地球社会への道の対立する構造を開示する。そしてそれは世界帝国への道が断ち切られていることを教えるものであり、地球社会への道を指し示すものになっていた。そこには地球社会の誕生と地域社会の再生が相呼応して、主権国家と国際関係の枠組みを挟撃する構造がある。現代のグローバリズムはグローバル化の表層に浮かぶ幻影にすぎない。グローバル化に対する内在的批判を通じて、世界帝国への道と地球社会への道を分離しなければならない。それなしに、地球社会への道を世界帝国への道へと誘導することで、グローバル化の成果を独占しようとする誤謬と倒錯に対抗する術はない。

主権国家と国際関係の枠組みは、一七世紀に近代ヨーロッパの政治の構造として誕生した。そしてそれは産業革命を経て登場した近代の工業生産力を背景に、一九世紀を通じて地球的規模へと拡大していった。このような主権国家と国際関係の枠組みは、一九世紀末から二〇世紀の初めまでに、ほぼ地球全域を覆いつくすに至った。二〇世紀は近代の工業生産力が世界を一つに統合していく過程であった。グローバル化はその延長線上に姿を現したものにほかならない。初期社会主義の思想が登場したのは、そのような状況がしだいに顕在化し始めた一九世紀後半のことであり、二〇世紀を通じて進行する事態を予期し、それへの対抗軸を準備するものであったと考えることもできよう。

そこには一九世紀後半に、近代科学の自然認識のあり方を批判して登場した、ロマン主義の思想に通じるものがある。二〇世紀を通じて進んだ現代科学の発展は、そのようなロマン主義の自然認識のあり方を、自覚的な方法と論理をもった体系として完成させたものといえよう。初期社会主義もまた、二〇世紀を通じて進んだ地球的規模で世界が一つになっていく過程を経て、その経験を媒介することで、自覚的な方法と論理をもった思想として再生しなければならない。初期社会主義の思想と現代科学の自然認識の枠組みは、現代のグローバリズムに対峙する有効な陣形を共同してつくりだし、人間と人間の共存する関係のなかで、グローバル化の成果を共有できるようにしなければならない。

反グローバリズムの動きのなかには、現代科学や現代テクノロジーをグローバル化の推進力として拒否する傾向も見受けられる。しかしそれは近代科学と現代科学の違いを無視するものであり、それでは世界帝国への道と地球社会への道を分離することはできず、世界史の閉塞状態は出口を失ってしまうであろう。土着のロマン主義や反科学主義に未来はない。ローカリズムやリージョナリズムも同じである。初期社会主義はそのような限界をこえて、現代科学の地平に正しく着地しなければならない。そのとき初期社会主義の思想は地球社会の理念として甦ることであろう。

（註）本章の分析に用いた理論的枠組みについては、紙幅の制約もあり本文中で十分な説明をすることができなかった。近代科学の自然認識と現代科学の自然認識、現代テクノロジーの内在的構造、主権国家と国際社会の枠組み、地球社会の誕生と地域社会の再生などについては、以下の拙著を参照していただきたい。
『核時代の思想史的研究』北樹出版、一九八五年。
『日本革命の思想的系譜』北樹出版、一九九四年。

『全共闘運動の思想的総括』北樹出版、二〇一〇年。

集団的自衛権行使の虚構と現実

内閣総理大臣の私的諮問機関「安全保障の法的基盤の再構築に関する懇談会」（安保法制懇）の報告書が提出された。安倍政権はそれを受けて、集団的自衛権行使を容認する憲法解釈の変更に踏みだそうとしている。それに対して、「国家の基本的あり方に関わる憲法解釈の変更を、国民的合意の形成をともなうことなしに、内閣の一存で行うことは立憲主義の原則に反する」、「最高裁の砂川判決を集団的自衛権行使容認の法的根拠とすることは妥当ではない」、「集団的自衛権行使の容認例としてあげられている事例は、いずれも個別的自衛権で対応できるか、非現実的な想定でしかない」、などの疑問や反論が各方面から提起されている。それらの法律論や技術論にもとづく批判は、いずれも妥当な指摘であり、そこに新たに付け加えるべきことはない。ここではそれらの議論をくり返すのではなく、それらとは異なる観点から、この問題を考えてみることにしたい。

冷戦構造と集団的自衛権

国連憲章は第二条第四項で「武力不行使の原則」を定め、安全保障理事会（安保理）が国際の平和と安全の維持に必要と判断した場合にのみ、集団安全保障の枠内で武力行使を容認している。安保理の関与なしに国家が自らの意志で行う武力行使を原則として認めていない。その唯一の例外が、憲章第五一条の「個別的自衛権」と「集団的自衛権」である。憲章第五一条は「この憲章のいかなる規定も、国際連合加盟国に対して武力攻撃が発生した場合には、安全保障理事会が国際の平和及び安全の維持に必要な措置をとるまでの間、個別的又は集団的自衛の固有の権利を害するものではない」と定めている。個別的自衛権と集団的自衛権は、安保理が必要な措置をとるまでの時間差のなかでしか効力をもたない限定された権利であった。しかし冷戦下の米ソ対立によって、安保理が機能不全に陥っている状況のもとで、集団的自衛権は国際政治の枠組みを決定する役割を果たし、相互抑止の構造の成立と維持を可能にした。冷戦期の国際政治において、集団的自衛権が抑止の信頼性を担保するものであったことは確かである。

冷戦構造は米ソ両国の圧倒的な軍事的優位のもとに、西側陣営と東側陣営が地球的規模で対峙する構造としてあった。第二次世界大戦における連合国の枢軸国に対する勝利の結果として成立した戦後レジームは、共通の敵の喪失による米ソの利害対立の顕在化を通じて、冷戦構造として固定化されていった。それは核兵器の地球的規模の破壊力に限界づけられた相互抑止の構造にほかならない。相互抑止の構造を安定的に維持するためには、敵の攻撃に対してただちに反撃できる態勢を維持することで、先制攻撃への誘惑が生じないようにする必要があった。安保理の関与がなければ反撃できないというのであれば、敵は先制攻撃によって既成事実をつくることができるので、先制攻撃への誘惑が生じることはさけられないであろう。それでは抑止の信頼性は担保されない。核抑止に限界づけられた相互抑止の構造においては、通常戦力と核戦力のリンケージが決定的に重要であり、抑止の信頼性は核抑止の信頼性によって担保されていた。そのために通常戦争から核戦争へのエスカレーションを不可避にする構造が必要であった。

ヨーロッパにおいては、北大西洋条約機構（NATO）とワルシャワ条約機構（WTO）が対峙する構造にあった。ソ連や東欧諸国と地続きで、圧倒的に優位にある通常戦力の脅威にさらされていた西欧諸国にとって、アメリカの圧倒的な核戦力による反撃の可能性を確実なものにすることで、ワルシャワ条約機構軍の侵攻に備える必要があった。通常戦力による侵攻であっても、ただちにアメリカの核戦力で反撃することが担保されていれば、西欧諸国の安全は確保される。集団的自衛権にもとづいて組織された軍事同盟であるNATOはそのような役割を担うものであった。核抑止に限界づけられた相互抑止の構造は、通常戦争から限定核戦争、戦域核戦争を経て全面核戦争に至るすべての戦争を抑止する構造として構築された。ヨーロッパにおいてこの構造は有効に機能し、冷戦期を通じて東西両陣営の対立が武力行使に発展することはなかった。地球全域においても、ベトナムやアフガニスタンのような事例はあるが、相互抑止の構造は比較的有効に機能し、紛争の局地的限定に成功してきたといってよいであろう。

集団的自衛権と抑止の信頼性

これまで見てきたことからもわかるように、冷戦期の戦略空間において集団的自衛権が抑止の信頼性を担保し、戦争の回避に寄与してきたことは否定できない。しかし西側陣営において、集団的自衛権にもとづく武力行使は、アメリカに対してのみ期待されており、アメリカの防衛のために、他の同盟国が集団的自衛権を行使する事態は考えられていなかった。アメリカによる同盟国への拡大抑止の提供こそが、集団的自衛権に期待される最大の課題であった。冷戦期の戦略空間において、米ソ以外の同盟国が集団的自衛権を行使した事例は、ベトナム戦争への韓国軍の参戦や、ワルシャワ条約機構軍のプラハへの侵攻などに限られる。核抑止に限界づけられた相互抑止の構造が、東西両陣営の全面衝突に至る事態を回避するようにうながす装置として作動したからである。西側陣営においては、アメリカの圧倒的な軍事的優位が、集団的自衛権にもとづく抑止の信頼性を提供していた。この国が集団的自衛権の行使を禁止する憲法解釈にもかかわらず、冷戦期の戦略空間に自らの居場所を確保することができたのはこのためであった。

冷戦の終結はこのような戦略空間の構造をおおきく変えるものとなった。核抑止に限界づけられた相互抑止の構造は崩壊し、通常戦争と核戦争のリンケージはたしかなものではなくなった。その結果として、核戦争に至らない武力行使の敷居は著しく低くなったといえよう。冷戦期の戦略空間においては、すべての戦争は全面核戦争へのエスカレーションを可能性として含み、それゆえにいかなる戦争も「勝者なき戦争」となるしかなかった。ベトナムやアフガニスタンの事例においても、そのような構造のゆえに、武力行使はいちじるしく制約の多いものとなり、いずれも「勝者なき戦争」として終わった。米ソ両国のような超大国といえども、軍事的手段による最終的な勝利は望むべくもなかった。冷戦の終結はそのような戦略空間の構造を変え、最終的な勝利を求めて武力行使が行われる可能性をいちじるしく高めたように見える。しかし湾岸戦争やアフガニスタン戦争、イラク戦争を見てもわかるように、そこには「勝者なき戦争」があるばかりである。冷戦後の戦略空間の構造は「勝者なき戦争」という制約を変えるものではない。

冷戦の終結にともなって戦略空間の構造が変化したことで、通常戦力による武力行使の可能性は高まった。しかしそれは「勝者なき戦争」を拡散する結果になっている。冷戦後の世界においては、集団的自衛権は抑止の安定性を担保するものではなく、かえって「勝者なき戦争」を拡散する危険性を孕むものになっていた。それは戦後レジームの解体を加速するものといえよう。湾岸戦争やアフガニスタン戦争、イラク戦争を経て、超大国としての軍事的優位に確信をもてなくなったアメリカは、戦後レジームの維持に限界を感じている。そのようなアメリカに対して、集団的自衛権の行使を可能にすることで、戦後レジームの防衛に積極的な貢献をしようとするのが、アメリカの意向を受けた外務省の思惑である。しかしそれはこの国の防衛と何の関係もない戦争に自衛隊が参戦し、戦場で隊員が殺し殺されることを意味している。しかも「勝者なき戦争」としてしかありえない戦争においてである。それはベトナム戦争における韓国軍や、イラク戦争におけるイギリス軍のような役割を自衛隊に課すことにほかならない。

冷戦後の世界と集団的自衛権

集団的自衛権行使の容認は抑止の信頼性を高め、この国の平和と安全を維持することに貢献するどころか、かえって戦争への積極的な参加を不可避にするものである。集団的自衛権行使の容認は戦争をするためではなく、戦争を抑止するためであるという言説は、このような戦略空間の構造変化に無自覚な発言といわざるをえない。安保法制懇の報告書は冷戦的思考の枠組みから一歩もでていないといわねばならない。この国を取り巻く安全保障環境の変化も、こうした戦略空間の構造変化を踏まえて考えなければならないであろう。そのような状況のもとで、戦場に隊員を送りだす防衛省・自衛隊の立場は、自らは血を流すことのない外務省の立場と同じではありえない。戦後レジームの枠内でアメリカに依存することによって、自らの立場を維持してきた防衛省・自衛隊と外務省であるが、両者の思惑の違いは、この問題に複雑な陰影を落としている。さらにもう一点、ここで考えておかなければならないことは、安倍首相と彼を取り巻く勢力が、この問題を突破口として、戦後レジームからの脱却を志向している点である。

彼らは第二次世界大戦の敗戦によって、この国に課された憲法第九条という不当な制約を打破し、軍事的な対米自立を実現したいと考えている。靖国参拝や歴史認識の問題も、そのような戦後レジームからの脱却を志向するものにほかならない。そこに安倍首相のいう「積極的平和主義」の本質がある。しかし外務省も防衛省も戦後レジームからの脱却など望んではいない。外務省は戦後レジームの防衛のために、より積極的な貢献をしようとして、集団的自衛権行使の容認が必要だと考えているにすぎない。防衛省は戦後レジームの防衛に寄与はしても、積極的な軍事的役割を担うことには慎重である。安倍政権は、戦後レジームに対するそのような同床異夢の関係のなかで、集団的自衛権行使の容認に踏みだそうとしている。アメリカは戦後レジームの防衛のために、この国がより積極的な役割を果たすことを望んではいても、戦後レジームから脱却し、軍事的な対米自立を志向することは望んでいない。靖国参拝や歴史認識の問題に対して、一貫して厳しい姿勢を取り続けているのはそのためであるといえよう。

冷戦の終結を経て、戦後レジームは解体の過程にある。そのような戦後レジームの防衛のために戦われる戦争は「勝者なき戦争」としてしかありえない。そのような戦争に自衛隊が参戦し、隊員が殺し殺されることになったとしても、それがこの国の平和と安全に寄与するはずもないことは明らかであろう。集団的自衛権行使の容認は、冷戦的思考に呪縛された前世紀の遺物である。冷戦後の世界が戦後レジームの枠内で実現することはない。戦後レジームの解体は不可避である。しかし戦後レジームの克服が軍事的手段によって達成されることはない。いかなる戦争もついに「勝者なき戦争」として終わるしかない現代の戦略空間の構造は、冷戦後の世界が軍事的手段によっては実現不可能であることを、まごうかたなき明確さをもって証している。戦後レジームの克服は安倍首相とは正反対の方向に、非軍事的方法によって実現されなければならない。

抑止力をめぐる言説——平和を守る軍事力の虚構

抑止力について考える

この国で「抑止力」をめぐる言説が横行している。そこでは「軍事力を強化することで敵国による侵攻を阻止する」という意味で使用される場合が多いように見受けられる。あたかも抑止力としての役割が、軍事力の本来の機能であるかのようである。「抑止力」は「平和を守る軍事力」にほかならない。「平和を望むなら軍事力を強化しなければならない」というわけである。「集団的自衛権行使の容認によって抑止の信頼性が高まる」という主張にも、そのような「抑止力」の考え方を明確に見てとることができるであろう。ためらうことなく軍事力を行使する意志と能力をもつことだけが、戦争を抑止し平和を守る唯一の道である。このような著しく短絡的な「抑止」と「抑止力」の考え方にもとづいて、戦争と平和の問題が語られていることに、強い危惧の念を抱かざるをえない。あらためて「抑止」と「抑止力」について考えみようとするゆえんである。

軍事力の主要な目的は、その直接的行使によって戦争の勝利を追求することにある。それが戦争の回避や平和の維持に寄与したことがなかったわけではない。しかしそれが軍事力の主要な目的であったことはない。戦争の抑止は勝利を目的とした戦略に結果として付随する現象でしかない。核兵器の登場以前の軍事力はそのようなものであった。第一次世界大戦における三国協商と三国同盟の対立も、第二次世界大戦における連合国と枢軸国の対立も、戦争の回避と平和の維持を意図する側面をもっていたことは否定できない。そこには巨大な軍事同盟が世界を二分して対峙する構造があった。しかしそのような軍事的構造は戦争の抑止を第一義的な目的として構築されたわけではない。それは相手より優位に立つことを意図するものでしかないからである。そしてこの巨大な軍事的構造は二度にわたる世界大戦を阻止することができなかった。「抑止」の考え方は核兵器の登場以後に成立したものであり、核兵器の巨大な破壊力を前提とした「核抑止」の構造に限界づけられていることを忘れてはならない。核抑止と関係なく抑止があるわけではない。

核兵器の存在と核抑止の概念

第二次世界大戦後の国際秩序は、枢軸国という共通の敵の喪失による連合国の利害対立の顕在化を経て、巨大な軍事同盟が世界を二分して対峙する冷戦構造として固定化されていった。米ソ両国を頂点とする東西両陣営が世界を二分して対峙する構造は、第一次世界大戦前夜の構造や第二次世界大戦前夜の構造に酷似している。にもかかわらず、その巨大な軍事的構造は第三次世界大戦を引き起こすことなく、冷戦の終結を迎えることになった。核兵器の地球的規模の巨大な破壊力は、世界が「人類絶滅の可能性」に直面することを余儀なくした。第三次世界大戦は全面核戦争となる可能性を否定できず、全面核戦争は人類絶滅の可能性を孕んでいた。巨大な軍事同盟が世界を二分して対峙する構造は、核兵器の地球的規模の巨大な破壊力に限界づけられて、第三次世界大戦を自覚的に回避する構造として固定化されるしかなかった。核抑止の概念はそこに成立した。それは冷戦構造の成立であった。核兵器の存在と核抑止の概念なしに、巨大な軍事同盟が世界を二分して対峙する構造だけで、第三次世界大戦を阻止することはできなかったであろう。

核兵器の登場は戦略空間の構造を大きく変え、軍事力のあり方に変更を迫るものとなった。核兵器の大きすぎる破壊力のゆえに、その限定的使用は著しく困難であり、核戦争は限定核戦争にとどまることなく、全面核戦争へのエスカレーションは不可避であると考えられていた。そしてその全面核戦争は「人類絶滅の可能性」を孕んでいた。そのような「人類絶滅の可能性」を共有することで、相互抑止の構造の安定化が進められていった。核抑止の考え方は、軍事的優位に立つことで相手の侵攻を阻止しようとするのではなく、全面核戦争による「人類絶滅の可能性」を自覚的に回避しようとするものとしてある。核戦争の全面核戦争へのエスカレーションが確実であれば、核戦争が発生する可能性は低くなる。通常戦争の核戦争へのエスカレーションが確実であれば、通常戦争への誘惑を抑え込むことができる。そのために通常戦力と核戦力のリンケージが確保されていなければならない。また核戦力においても、エスカレーション・ラダーに隙間がないように戦術核、戦域核、戦略核の各段階の戦力を間断なく整備しておくことが不可欠である。

冷戦期の戦略空間はこのような核抑止の構造に強く限界づけられており、そこにおける軍事力の主要な目的は戦争を回避し平和を維持することであった。戦争の抑止が軍事力の第一義的な課題になったのである。軍事力を抑止力と位置づける考え方は、このような冷戦期の戦略空間の成立にともなうものにほかならない。核抑止とリンクすることなしに、抑止も抑止力も意味をもたないことを忘れてはならない。核抑止と関係なく抑止があるわけではない。軍事力の整備は相手に対して軍事的優位を確保するためではなく、全面核戦争による「人類絶滅の可能性」をより確実なものにすることによって、すべての戦争を抑止するために進められた。全面核戦争に勝者などいない。そこには「勝者なき戦争」があるばかりである。それは軍事力の行使を厳しく制限するものにほかならない。核兵器は国家の所有するものでありながら、国家をこえて国家を制約するものといえよう。そこには「勝者なき戦争」の遂行能力を高めることで「勝者なき戦争」を回避するという逆説の構造がある。それが冷戦期の戦略空間における抑止と抑止力の考え方であった。

冷戦の終結と戦略空間の変化

冷戦の終結はそのような戦略空間の構造に変化をもたらすものとなった。相互抑止の安定的構造は崩壊し、もはや通常戦争と核戦争とのリンケージは確かなものとはいえなくなった。核抑止を上限とする構造にすべての戦争を包摂し、そのような構造のなかで上から下に向かって、すべての戦争を抑止する戦略空間の構造はもはや維持すべくもない。冷戦期の戦略空間においては、強固な同盟関係を通じて、通常戦争と核戦争とのリンケージが確保され、それによって相互抑止の構造は安定的に維持されてきた。そのような相互抑止の安定的構造のもとで「軍事力の整備は戦争を抑止するためである」「抑止力の維持が平和を守る」という言説は説得力をもっていた。そこでは集団的自衛権が抑止の信頼性を担保する。集団的自衛権の行使が認められなければ、通常戦争と核戦争とのリンケージは保証されず、核抑止の構造にすべての戦争を包摂することはできないからである。軍事同盟は集団的自衛権を法的根拠に構築されている。軍事力はそのような同盟関係を通じて、米ソ両国の戦略核戦力とリンクすることで、抑止力としての資格を獲得する。

冷戦期の戦略空間は抑止力神話への信仰にもとづいて成立する言説空間であった。冷戦の終結によって相互抑止の安定的構造は崩壊し、通常戦争と核戦争とのリンケージは失われた。全面核戦争による「人類絶滅の可能性」から解放されることで、かえって通常戦争の可能性は高まってしまったのである。全面核戦争へのエスカレーションを恐れる必要がなければ、ためらうことなく軍事力の行使に踏み切ることができる。軍事力は抑止力という制約から解放され、行動の自由を獲得したかのようである。それは抑止力神話の終焉にほかならない。冷戦後の戦略空間において、軍事力の増強による同盟関係の強化は、抑止の信頼性を高めるものではなく、むしろ戦争の危険性を高めるものになるであろう。そこでは核抑止という上限を意識することなく、軍事力の自由な行使が可能になるからである。核戦争へのエスカレーションの恐れのない軍事力の行使にいかなる制約もない。あたかも冷戦という異常な時代が終結したことで、軍事力はその古典的な役割を回復したかのようである。抑止力神話からの解放は戦争の危険性に直面することであった。

冷戦後の戦略空間の構造は、軍事力の行使に課された禁止的制約を解除し、その自由な行使に道を開いたかのようである。しかしアフガニスタン戦争やイラク戦争はいうまでもなく、冷戦後の世界でくり返される軍事力の行使は、いずれも具体的な問題の解決にまったく無力である。軍事力の行使はくり返されたが、そこには「勝者なき戦争」があるばかりである。核抑止の構造と抑止力神話から解放されたはずの世界においてなお、すべての戦争が「勝者なき戦争」となるしかないという事実は、極めて重要な意味をもつものといわなければならないであろう。抑止力神話に終焉をもたらした冷戦後の戦略空間は、すべての戦争が「勝者なき戦争」となるしかないという特徴を、冷戦期の戦略空間から受け継いでいたのである。そこでは軍事力はもはや戦争を抑止する力をもたない。しかし戦争によって具体的な問題の解決が可能になるわけではない。軍事力はその有効性を回復することができていない。冷戦後の戦略空間では、核兵器の存在や核抑止の概念とは異なる他の要因が、軍事力の有効性を無化する力になっていると考えるべきであろう。

抑止力神話からの脱却

冷戦後の戦略空間は、地球的規模で構築されたネットワーク・テクノロジーに限界づけられている。それは国境をこえたヒト、カネ、モノ、情報の自由な流通を可能にし、地球的規模の課題への対応を迫るものになっている。そしてそれは国家をこえて国家を無化するものにほかならない。冷戦期の戦略空間は、核兵器の地球的規模の破壊力に限界づけられていた。そしてそこに開示された「人類絶滅の可能性」が、すべての戦争を「勝者なき戦争」にする要因となり、軍事力の有効性にきびしい制約を課すものとなった。それは国家をこえて国家を制約するものであった。これに対して地球的規模で構築されたネットワーク・テクノロジーは、国境をこえた人びとの連帯と協働を可能にするものであり、「人類共生の可能性」を開示するものといえよう。冷戦後の戦略空間では、このような「人類共生の可能性」が、すべての戦争を「勝者なき戦争」にする要因となり、軍事力の有効性を無化するものとなったのである。このネットワーク・テクノロジーがつくりだす状況こそが、抑止力神話の擬制を暴露し、その終焉を余儀なくした要因であった。

冷戦の終結を挟んで進行したテクノロジーの変容は、大規模・集中型の核テクノロジーから、多中心・分散型のネットワーク・テクノロジーへの転換をともなっていた。そのようなテクノロジーの変容が戦略空間の構造に変化をもたらし、抑止力神話の終焉を不可避なものにした。このような客観的状況のなかで「軍事力の整備と同盟関係の強化が抑止の信頼性を高める」などという言説を弄することの愚かしさはもはや明らかであろう。それは「勝者なき戦争」を拡散する危険性を高めるだけでしかないからである。にもかかわらず、抑止力神話をくり返すだけの政治家や言論人が、安全保障の専門家として通用する不思議な光景が、この国では日常化している。それは冷戦的思考の枠組みに自閉する知的惰性でしかない。そのような冷戦的思考に呪縛された前世紀の遺物に未来などない。冷戦後の世界を開くには、抑止力神話からの脱却が不可欠である。

宮崎駿『風の谷のナウシカ』一九八四年——テクノロジーとエコロジー

宮崎駿監督のアニメ映画には、テクノロジーとエコロジーを対立的にとらえ、エコロジーの視点からテクノロジーの帰結を否定的に描いた作品が数多く見られる。それを代表するものとして、一九八四年に劇場公開された『風の谷のナウシカ』をあげることに異論はないであろう。劇場版『ナウシカ』はエコロジー・ブームのなかで、自然と人間の予定調和的な関係の回復を目指すものとして受け入れられ、宮崎駿のアニメ監督としての地位を確立した記念すべき作品となった。一九六〇年代の公害問題や一九七〇年代の石油ショックは、テクノロジーに対する幻想を打ち砕き、テクノロジーが紡ぎだすユートピアへの幻滅を呼び起こした。一九八〇年代はそのようなテクノロジーへのまなざしの変化をふまえ、エコロジーへの期待が高まりを見せた時代であった。『ナウシカ』はそのような時代の只中で、エコロジーへの期待に呼応する作品として消費された。

『ナウシカ』の舞台は「火の七日間」と呼ばれる戦争によって、巨大産業文明が崩壊してから一〇〇〇年後の世界であり、そこでは「腐海」と呼ばれる有毒の「瘴気」を発する菌類の森が、大地との絆を奪われた人々の生活を脅かしていた。「腐海」は巨大な「王蟲」の住むところであり、人々は「腐海」の畔で「大海嘯」の予感に恐れ戦きながら暮らしていた。このような世界を舞台に、物語は「火の七日間」を引き起こした最終兵器「巨神兵」の復活をめぐる錯綜した人間模様のなかで進行する。そこには「巨神兵」の力で「腐海」を焼き払い、大地をよみがえらせようとする者がおり、また「巨神兵」の力によって辺境の国々を統一し、そこに「王道楽土」を建設しようと目論む者がいた。これに対して「腐海」を焼き払うことは「王蟲」の怒りを誘発し「大海嘯」を呼び寄せる恐れがあるとして「巨神兵」の復活を阻止しようとする者もいた。そこにはテクノロジーとエコロジーの鋭角的な対立の構図があり、エコロジーの視点からテクノロジーの帰結と対峙する構造がある。ナウシカはそのような構造のなかから登場する。

この腐海には重大な秘密が隠されていた。それは「火の七日間」によって生じた大地の汚れを自らの内に取り込み、それを浄化することによって大地を「清浄の地」と化する働きをしていたのである。大地の汚れが浄化され「清浄の地」と化するとき、腐海はその役割を終えて消え去ることになるであろう。しかし人間が「火の七日間」の原因となり、大地との絆を奪った思惟と行動の様式に固執するなら、腐海は王蟲を走らせ大海嘯を起こすほかに術がない。風を読み王蟲と交流する術を身につけた少女ナウシカは、腐海の秘密を発見する。そして大海嘯に向かって走る王蟲の怒りと悲しみを鎮めるために、彼女は王蟲の前にわが身を投げだすのである。そのとき「その者青き衣をまといて金色の野に降り立つべし、失われし大地との絆を結び、ついに人々を青き清浄の地に導かん」という、土着の民の予言が成就する。こうして腐海の秘密は明らかにされ、その彼方に大地との絆を回復した人々の「清浄の地」における生活が予告される。この「青き清浄の地」はトルメキアの王女クシャナの語る「王道楽土」に対置されている。

クシャナの語る「王道楽土」はテクノロジーが紡ぎだすユートピアである。それに対して「青き清浄の地」はエコロジーが紡ぎだすユートピアであるといえよう。テクノロジーは物質的自然と人間の関係をふまえ、世界を計算可能、予測可能なものとして操作的支配の対象にするものにほかならない。それがテクノロジーに固有な思惟と行動の様式であった。巨神兵はこのようなテクノロジーが、生物的自然と人間の関係へと操作的支配の対象を拡大していったことの帰結としてある。それはテクノロジーによるエコロジーの疎外ということもできよう。これに対してエコロジーに固有な思惟と行動の様式は、自然と人間の予定調和的な関係への信頼にもとづくものにほかならない。そこには生物的自然と人間の関係の枠内におけるテクノロジーとエコロジーの対立がある。生物的自然と人間の関係に侵入してきたテクノロジーに対するエコロジーの反撃といってもよいであろう。そこにはデカルト主義とロマン主義の対立があり、劇場版『ナウシカ』のフィナーレは、デカルト主義に対してロマン主義を対置するものになっている。

劇場版『ナウシカ』は一九八〇年代の時代精神に呼応する作品として完結している。しかしそれだけではエコロジーが紡ぎだすユートピアを追い求める土着のロマン主義にとどまり、テクノロジーが紡ぎだすユートピアに対抗する力をもつことはできないであろう。テクノロジーに対するアンチ・テーゼとしてのエコロジーはあっても、テクノロジーとエコロジーの対立をこえるジン・テーゼはどこにもない。その後の作品において、宮崎駿はテクノロジーが紡ぎだすユートピアを攻めあぐねているように見受けられる。エコロジーの視点からテクノロジーの帰結を否定的に描いた作品は健在である。しかしそこではエコロジーが紡ぎだすユートピアを過去に求め、テクノロジーが紡ぎだすユートピアに敗れ去っていく姿を描いているように感じられる。そこにはテクノロジーが紡ぎだすユートピアの前に後退を続けるしかなかった、エコロジーが紡ぎだすユートピアへの絶望がある。劇場版『ナウシカ』以後、エコロジーが紡ぎだすユートピアへの後ろ向きの郷愁はあっても、未来への前向きな世界観と展望が語られることはない。

そのようなエコロジーが紡ぎだすユートピアへの絶望は、劇場版『ナウシカ』の原作であり、それが劇場公開された後も、引き続き『アニメージュ』誌上で断続的に連載が続けられ、一九九四年に完結した漫画版『風の谷のナウシカ』にも明確に見てとることができる。劇場版では、エコロジーが紡ぎだすユートピアであったはずの「青き清浄の地」が、漫画版では、それもまたテクノロジーが紡ぎだすもうひとつのユートピアでしかないことが明らかにされる。それはテクノロジーに管理されたエコロジーが紡ぎだす「反ユートピア」であった。ナウシカはこのふたつのユートピアをともに拒否する地点に身を置いて生きることを選び、それらのユートピアは「墓所」のなかに永遠に封印された。こうして漫画版『ナウシカ』はフィナーレを迎える。そこには「王道楽土」と「青き清浄の地」のいずれにも希望を託すことのない生き方がある。もはやエコロジーが紡ぎだすユートピアが人々を導くこともない。それは劇場版のフィナーレを否定するものにほかならない。そしてそこにこそ宮崎駿の真意があると考えるべきであろう。

しかしそれだけでは、テクノロジーが紡ぎだすユートピアが無化されたわけでもなければ、テクノロジーとエコロジーの対立が克服されたわけでもない。ナウシカの決断はテクノロジーとエコロジーの対立に手をつけるものではないからである。そのような構造を放置したまま、エコロジーが紡ぎだすユートピアへの後ろ向きの郷愁を描くだけでは、テクノロジーが紡ぎだすユートピアを無化することはできない。それは土着のロマン主義への回帰であり、テクノロジーが紡ぎだすユートピアへの敗北主義でしかないであろう。そこに宮崎駿の限界がある。テクノロジーの変容を通じて、テクノロジーをエコロジーの地平に着地させなければならない。そしてそれは可能である。そのときテクノロジーとエコロジーは相携えて、未来への前向きな世界観と展望を開示するものとなるであろう。われわれはナウシカが立ち止まった地点から歩きださなければならない。

地球社会学の構想——地球共和国への道

一

近代ヨーロッパの政治の構造は主権国家を政治的統合の究極の単位として、そのような国家と国家との関係によって世界を秩序づける構造として成立した。国家内政治（国内政治）によって政治的統合を達成した国家は、国家間政治（国際政治）の主体として世界史の舞台に登場することとなった。それは近代国家としての主権国家の誕生であり、複数の主権国家が対峙する構造をもつ国際社会の成立であった。そこに国家より上位の主体（超国家主体）や国家より下位の主体（亜国家主体）が存立する余地はなかった。[1] 国家のみがそこにおける唯一の主体であった。

近代の開幕は近代的自我の自覚に始まる。それは近代的な個の主体性の確立を意味するものであり、個の主体性を前近代的な場の共同性から解放するものとしてあった。近代市民社会は近代的自我として自己を自覚した個人を単位として、合理的に構成された社会であり、近代的な個の主体性を究極の根拠として成立する社会であった。しかしそのような個の主体性を究極の根拠とする社会が、どのようにして個と個の共同性を実現するかは必ずしも明確ではない。そこには個と個の共同性を媒介する内的契機が欠落しているからである。近代市民社会の理念は予定調和的な個と個の共同性の実現という根拠のない期待にもとづくものでしかない。

それは前近代的な場の共同性を拒否しながら、それに代わる共同性のあり方を提示することができなかった。近代的な個の主体性は孤立した個の主体性であった。それは共同性の契機を欠落した自閉的な主体性であった。近代市民社会が個と個の共同性を媒介する外的契機として、国家という「リヴァイアサン」を必要としたのはそのためにほかならない。[2] こうして近代国家は誕生した。近代的自我として自己を自覚した個人は国家を構成する国民へと転化し、近代市民社会は主権国家の枠内に封印される結果となった。近代国民国家の誕生であった。それは主権国家を政治的統合の究極の単位として、そのような国家と国家との関係によって世界を秩序づける構造の成立であった。

近代社会における問題解決の単位は国家であり、国際社会には国家をこえる権威や権力は存在しなかった。また国家より小さな問題解決の単位が自立した役割を演じることもなかった。そこには中世ヨーロッパにおける教会のような超国家主体も、領邦、自治都市、ギルドのような亜国家主体も存立する余地はなかった。それは問題解決の単位を国家に一元化した政治の構造であり、国家を全体社会とする社会の枠組みとしてであった。そのような主権国家としての近代国家のあり方は一九世紀を通じて地球的規模へと拡大し、二〇世紀の初めまでにほぼ地球全域を覆いつくすにいたった。それは産業革命を経て形成された工業生産力が世界を一つにしていく過程でもあった。

そしてそれは地球的規模で国家をこえた課題を開示するものとなった。主権国家としての近代国家は国家をこえた課題に直面することを余儀なくされたのである。地球的規模で構築された通信・交通システムは国家をこえた課題の自覚を促すものとしてある。二〇世紀はそのような課題が地球的規模で顕在化していく過程でもあった。国際連盟や国際連合のような国際機構が設立されたのも、そのような状況を踏まえたものにほかならない。そこには地球環境問題のように問題解決の単位としての国家の限界を明確に示すものがある。二〇世紀は主権国家としての近代国家のあり方を相対化し、国家より大きな問題解決の単位の必要性を開示するものとなった。

国家を問題解決の単位とする国際社会に代わって、地球全域を問題解決の単位とする地球社会が誕生しなければならない。そしてそのような主権国家の相対化は国家より小さな問題解決の単位の必要性を示すものでもある。現代社会においては、ある種の問題に対して国家は問題解決の単位として小さすぎるが、別の問題に対しては大きすぎるという状況が生まれていることを認識すべきであろう。地域主権が語られ、地域社会の再生が課題となるのも、問題解決の単位としては大きすぎる国家の有効性が問われているからにほかならない。そこには地球社会の誕生と地域社会の再生とが相呼応して国家を挟撃する構造がある。

二

近代市民社会は近代的自我として自己を自覚した個人を単位として、合理的に構成された社会であり、近代的な個の主体性を究極の根拠として成立する社会であった。それは前近代的な場の共同性を否定する社会としてあった。したがってそこにおける個の主体性は、場の共同性に媒介された多様性や地域性から切り離された、普遍的で抽象的な個の主体性であった。それは個と個の共同性を媒介する内的契機を欠落した個の主体性であり、それゆえに孤立した個の主体性としてあった。それは原子的個であった。近代市民社会は機械論的原子論にもとづいて構成された社会であった[3]。

近代国民国家はそのような近代市民社会を主権国家の枠内に秩序づける装置としてあった。近代的自我として自己を自覚した個人は均一的な「原子」として、国家という「機械」を構成する国民という画一的な「部品」となった。そしてそのようにして国内的に政治的統合を達成した国家は、国際的に政治的主体としての資格を独占した主権国家として、国家と国家との関係によって秩序づけられた国際社会を構成する要素になった。それは主権国家という「原子」から「機械」のように組み立てられた社会であった。国際社会も機械論的原子論にもとづいて構成された社会としてあった。しかしそこに国家をこえて国際社会を秩序づける「リヴァイアサン」はいなかった。

そのような国際社会の構造は近代国家の無批判な自己主張と自己拡大を阻止する契機を欠いていてい

た。そしてそのような近代国家は近代的自我の無批判な自己主張と自己拡大の回路となった。近代世界史は近代的自我と近代国家の無批判な自己主張と自己拡大の過程として進行した。国家が拡大を続ける限り自己も拡大を続けることが可能であった。そこには国家と自己との予定調和的な関係への確信があった。近代市民社会は自己と自己との予定調和的な関係への確信にもとづく社会であった。そしてそのような自己と自己との予定調和的な関係は、国家と自己との予定調和的な関係を媒介として、国家と国家との予定調和的な関係へと通じていた。

しかし国家と自己との予定調和的な関係を媒介として、自己と自己との予定調和的な関係を維持するためには、国家の持続的な拡大が不可欠の条件であった。「リヴァイアサン」不在の国際社会において、国家が拡大を続けながら国家と国家との予定調和的な関係を維持しようとすれば、国際社会それ自体が拡大を続けていく必要があった。地球上に外部が存在し国際社会それ自体が拡大を続ける限り、国家が拡大を続けても国家と国家との予定調和的な関係を維持することは可能であった。ヨーロッパ世界が非ヨーロッパ世界を植民地として取り込みながら地球的規模へと拡大していった近代世界史は、そのような国際社会の枠組みが拡大していく過程としてあった。

そしてそのような国際社会の枠組みは一九世紀末から二〇世紀初めにかけてほぼ地球全域を覆いつくし、もはや地球上に外部を求めることは不可能となった。国際社会の持続的な拡大を通じて、国家と国家との予定調和的な関係を維持することは期待すべくもなかった。それは地球的規模で近代の政治と社会の枠組みが限界に直面したことを意味していた。二度にわたる世界大戦と冷戦の時代はその必然的帰結としてあった。国際連盟や国際連合のような国際機構も設立されたが、国際社会を秩序づける「リヴァイアサン」としての役割を担うものではなかった。それは国家と国家との予定調和的な関係を組織化するにとどまるものでしかないからである。

二〇世紀は国家をこえた地球的規模の課題が顕在化していった時代である。それは近代の政治と社会の枠組みを根底から問うものにほかならない。それゆえに国際社会の枠組みを前提として、国家と国家との予定調和的な関係を組織化する国際機構だけでは、国家をこえた地球的規模の課題への対応としては不十分であるといわざるをえない。国際機構がどれほど強力なものになったとしても、国家と国家との関係によって世界を秩序づける国際社会の構造それ自体が変わるわけではないからである。国家をこえた地球的規模の課題に呼応する国家をこえた地球的規模の政治的・社会的統合の枠組みが明らかにされなければならないであろう。

三

近代的な個は規格化された原子的個であった。近代市民社会はそのような原子的個としての人間を「部品」として合理的に構成された「機械」のような社会であった。それは機械論的原子論にもとづいて構成された社会であった。このような機械論的原子論が近代科学の自然観に由来することはいうまでもないであろう。

近代科学は自然（客観）と人間（主観）との実在的区別を前提として、合理的・客観的な知識の体系によって自然を認識しようとするものであった。自然は人間の主観とは独立に客観的に存在するものであり、機械的法則にしたがう要素的実体の集合と考えられていた。このような近代科学の原型となったものこそ、一七世紀に天文学と力学において自己を確立した物理学にほかならない。いうまでもなくニュートン力学がそれである。そこには自然（物体）を構成する要素として質点（粒子）があり、それらの運動を支配する数学的に整序された法則があった。

近代科学の自然観は機械論的・原子論的な自然観であった。これに対して古代から中世へと続く自然学の系譜を支配してきた自然観は目的論的・生気論的な自然観であった。近代科学の誕生はこのような目的論的・生気論的な自然観から機械論的・原子論的な自然観への転回をともなっていた。それは法則的知識にもとづく自然の操作的支配に道を開く自然観であった。[4] 近代的自我として自己を自覚した人間はこのような近代科学の自然観を踏まえて自然を支配する主体としての立場を獲得した。しかしそこには自らもまた機械的法則にしたがう要素的実体として、法則的知識にもとづく操作的支配の対象となる運命が待ち受けていた。[5]

近代市民社会の理念は近代科学の自然観に呼応するものとしてあった。そしてそのような近代科学の自然観は近代テクノロジーの基礎となり、法則的知識にもとづく自然の操作的支配は人間の活動の自由度を著しく拡大した。近代市民社会は近代テクノロジーを中核的オーガンとする社会であり、近代テクノロジーの増殖は近代市民社会の急速な発展を可能にした。近代科学の自然観は機械論的・原子論的な自然観であり、近代市民社会は機械論的・原子論的に構成された社会であった。そこには機械論的・原子論的な世界観があり、そのような世界観に呪縛された世界があった。それが近代的自我として自己を自覚した人間の生きる世界であった。

しかし一九世紀ともなると、このような機械論的・原子論的な世界観の一元的な有効性への確信は揺らぎ始め、目的論的・生気論的な世界観への回帰や有機体的・汎神論的な世界観への共感が、近代思想史における有力な思想的潮流として形づくられていった。ロマン主義の系譜がそれである。自然科学に対する自然哲学や、社会契約説に対する国家有機体説などは、そのようなロマン主義の系譜に属するものにほかならない。それは近代的自我の限界の自覚であった。そこには近代的な個の主体性への懐疑があり、前近代的な場の共同性への郷愁があった。[6]

一九世紀の物理学において「粒子（質点）の物理学」の系譜に対抗して「波動（場）の物理学」の系譜が形づくられていったのも、そのようなロマン主義の登場と無縁な出来事ではなかった。[7]「粒子の物理学」が非連続的な個々の粒子の運動を記述する物理学であったのに対して、「波動の物理学」は連続的な媒質の運動を記述する物理学としてあった。このような「波動の物理学」の系譜は一九世紀末までにマクスウェル電磁気学を生みだし、古典物理学はニュートン力学とマクスウェル電磁気学という二大体系をもつものとして完成された。それらは異なる世界観を背負った相互に独立な二つの体系であった[8]。

二〇世紀の物理学における最大の発見となった相対論と量子論はこのような世界観的亀裂のなかから生まれてきた。とりわけ量子仮説の提唱から量子力学の建設にいたる量子論の展開は、古典物理学の存立基盤を根底から覆すものとなった[9]。物質はすべて粒子性と波動性という二重性をもつことが明らかにされ、「粒子でもなく波動でもなく、しかも、粒子でもあり波動でもある」ものとしてとらえ直されることになった。量子力学はこのような物質の二重性を統一的に記述する体系として建設されたのである。

四

物質現象に内在する二重性の統一的記述は不確定性原理によって担保される。この不確定性原理によって物質現象を支配する機械的法則は確率的法則としてとらえ直されねばならなくなった。それのみではない。それは人間の自然認識における有限性を明らかにすることを通じて、自然と人間との関係に根本的な変革を迫るものとなっていた。これによって自然を人間の主観から独立に客観的に存在するものとしてとらえつくすことは不可能となり、自然の客観性は認識主体としての人間の主観をも含む全体的地平においてのみ確保されるものとなった。

量子力学の成立は近代科学と明確に区別された現代科学の誕生であった。自然は人間を含んで自然であり、自らもその一部である人間が自らをその一部として含む自然を認識するのである。それが量子力学における自然認識の構造であった。そこにおいては全体から切り離された認識主体を考えることも、認識主体から独立な客観的世界を考えることもともに擬制でしかない。全体の不可欠な部分として主体があり、主体の活動を通じて全体が明るみにだされる。自らもその一部である人間が自らをその一部として含む自然を認識しようとする限り、そこに限界が存在し不確定性が介在するのは不可避であり、それを定式化したものが不確定性原理にほかならない。

量子力学は相対性理論の要請を満たす形で発展をとげ、「場の量子論」（相対論的量子論）の成立をみることになった[10]。場の量子論は「粒子でもなく波動でもなく、しかも、粒子でもあり波動でもある」ものとしてとらえ直された物質を「量子化された場（量子場）」の概念によって把握し、すべての物質現象を「量子場の相互作用」として記述する理論である。それは「粒子の物理学」と「波動の物理学」を統一する究極の体系にほかならない。場の量子論の特徴は物質の生成消滅を記述できる点にあり、すべての物質がそこから生成し、そこへと消滅する究極の基底状態として「真空」が考えられている。それは物質がまったく存在しない物理的状態として定義される。

そして決定的に重要なことは、この真空が自発的に対称性を破っているという点にある[11]。この真空における対称性の自発的な破れのゆえに、すべての物質はそこから生成し、そこへと消滅するものとして、そこに限定される。そしてそれゆえに物質は真空へと消滅してしまうことなく、そのような真空に支えられて「量子場の相互作用」として現象することが可能となるのである。「自発的に対称性の破れた真空」の成立は時間の誕生でもあり、それは非可逆的な時間の成立としてあった。そしてそこにおける非可逆的な時間が物質的世界の成立を可能にした。生命の発生と人間の誕生はそこに可能となるものにほかならない。

物質的世界を支配する非可逆的な時間のゆえに、そこから生物的世界が生まれ、さらに人間的世界が生まれた。それは歴史的世界の誕生であった。したがって宇宙の始元と物質の根源に発し、生命の発生と人間の誕生を経て今日にいたる全自然史的過程を「量子場の相互作用」の自覚的発展の過程として解釈することもできるであろう。[12] 生命の発生と人間の誕生はそこにおける新しい発展段階を画するものにほかならない。人間的実存はこのような歴史的世界の発展の帰結として生みだされたのである。自然はその不可欠の一部として人間を生みだし、そのような人間の活動を媒介として自己自身を開示する。そこに自然（物体）と人間（精神）との実在的区別はない。現代科学の自然観は人間を不可欠な一部として含む自然の構造を開示する。

近代科学の自然観に呼応する人間のあり方は、個の主体性を究極の根拠とする原子的個としてあった。これに対して現代科学の自然観に呼応する人間のあり方は、個の主体性と場の共同性を統一する個と個の共同性にその根拠を求めるべきであろう。[13] このような人間のあり方を原子的個に対して量子的個と呼ぶことにしよう。量子的個は「量子場の相互作用」がつくりだす場のゆらぎを媒介として他の量子的個と関係を結び、そこに無限に多様な個と個の共同性をつくりだす。人と人との関係は「量子場の相互作用」の自覚的発展の過程を通じて物と物との関係につながっていた。

五

現代科学の自然観は歴史的世界の論理的構造を明らかにした。歴史的世界の成立と形成は「量子場の相互作用」の自覚的発展の過程として理解すべきものであった。物質的世界と生物的世界と人間的世界は「量子場の相互作用」の自覚的発展の過程を通じて歴史的世界の統一的枠組みのなかに定位される。そこにおける人と人との関係は「量子場の相互作用」の自覚的発展の過程を通じて物と物との関係につながっていた。

自然（物体）と人間（精神）との実在的区別を前提とする近代の枠組みにおいては、物と物との関係と人と人との関係はまったく別なものとしてとらえるしかないであろう。しかし自然（物体）と人間（精神）との実在的区別を否定し、それらをひとつながりのものとしてとらえる後近代の枠組みにおいてなら、物と物との関係と人と人との関係に共通する論理的構造を見てとることができたとしても驚くことはないであろう。現代科学が明らかにした歴史的世界の論理的構造を踏まえて考えれば、物と物との関係と人と人との関係につながりがあるのはむしろ当然のことだからである。

しかし物と物との関係と人と人との関係は、歴史的世界の論理的構造を媒介としてのみつながっているわけではない。現代科学の成果は様々な形で実用化が図られ、すでに多様な形態をとって現代社会のなかを広範囲に流通している。[14] 現代科学は〈知識〉や〈観念〉としてではなく、具体的な〈道具〉や〈装置〉という形で現代社会に寄り添っている。そしてそれらの〈道具〉や〈装置〉は現代科学の産物であり、現代科学の自然認識の枠組みに規定された〈道具〉や〈装置〉として、現代社会のなかに深く浸透していることを忘れてはならない。

現代科学は物と物との関係を変えるものになっていた。そしてそのような現代科学の成果を大量に含んで成り立つ現代テクノロジーの構造が、現代社会のあり方を変え、そこにおける人と人との関係を変えるものとなったのである。現代社会における物と物との関係と人と人との関係は現代テクノロジーの構造を媒介としてつながっている。そこには現代テクノロジーの構造に媒介されたテクノロジーの変容があり、そのようなテクノロジーの変容に媒介された現代社会の構造的変容がある。

近代テクノロジーは近代科学の成果を近代科学の枠組みで管理する構造をもっている。現代テクノロジーがそのような近代テクノロジーの延長線上に形成されたことはいうまでもない。しかしそこにとどまるものではない。それは近代テクノロジーの量的拡大につきるものではないからである。現代テクノロジーは近代テクノロジーの内部に現代科学の成果を導入する形で成立したものであり、そこには現代科学の成果を近代科学の枠組みで管理する構造がある。[15] それは近代科学の枠組みのなかで現代科学の成果を利用しようとするものにほかならない。

現代テクノロジーは近代科学の枠組みのなかで現代科学の成果を利用するために構築された。しかしそれは現代科学の研究とその成果の実用化を促し、現代科学の成果の積極的な導入を加速する構造をもっていた。そしてそのような過程を経て現代テクノロジーは現代科学の成果を大量に含むものと化している。それは近代科学の枠組みを内側から蝕むものになっているといえよう。そこに現代テクノロジーの両義性がある。このような現代テクノロジーの両義性はそれが過渡期の形態であることを示す指標にほかならない。それは近代科学の自然観に基礎づけられたものから、現代科学の自然観に基礎づけられたものへと変容をとげていく過程の途上にある。

現代テクノロジーの内在的構造は近代の枠組みの内部に後近代に通底する契機を含む構造であるといえよう。それは近代から後近代への過渡期に成立する形態にほかならない。現代社会はそのようなテクノロジーの変容に媒介されて、近代の社会から後近代の社会へと構造的変容の過程をたどっていると考えねばならない[16]。現代社会の内部に後近代に通底する人と人との関係が形成され、地域社会の再生が課題となるのも、そのようなテクノロジーの変容に媒介された現代社会の構造的変容にともなう現象と考えるべきであろう。それは後近代の誕生を予期する社会にほかならない。

六

近代の人間は原子的個であった。これに対して後近代の人間は量子的個でなければならない。人と人との関係は「量子場の相互作用」の自覚的発展の過程を媒介として物と物との関係へとつながっている。それが量子的個としての人間のあり方であった。後近代の社会は量子的個から構成される社会であり、後近代のテクノロジーはこの量子的個と量子的個をつなぐ媒介項となるものにほかならない。

それは「量子場の相互作用」の高度に発展した自覚的段階における人と人との関係と物と物との関係を自覚的に組織する社会でなければならない。現代テクノロジーの構造は地球的規模で国家をこえた課題の自覚を促し、そのような課題への取り組みを迫るものとしてあった。テクノロジーの変容は問題解決の単位を国家に一元化した近代の政治の構造を揺るがし、主権国家としての近代国家のあり方を相対化するものとなった。[17] 地球全域を問題解決の単位とする地球社会の誕生はもはや不可避である。

それは地球的規模で新しい政治的・社会的統合の枠組みを要求する。しかしそこには二つの方向性の対立が含まれていることを見落としてはならないであろう。その一つは原子的個としてとらえられた人間を機械論的・原子論的な原理で統合する世界帝国への道であり、もう一つは量子的個としてとらえ直された人間を「量子場の相互作用」的な原理で統合する地球社会への道である。この二つはいずれも国家を政治的統合の究極の単位として、国家と国家との関係によって世界を秩序づける近代の政治の構造と、そのような国家を全体社会とする近代の社会の枠組みを克服するものではあるが、その目標とするところはまったく異なるものといわざるをえない。

現代テクノロジーは現代科学の成果を近代科学の枠組みで管理する構造をもっていた。それは近代科学の枠組みを守るために現代科学の成果を利用するものとして構築された。しかしそれは同時に現代科学の研究を促し、その成長を支援するものでもあった。そしてそのような構造のもとで現代科学の研究は飛躍的な進展をみせ、その成果は相次いで実用化が図られていった。もはや現代科学の成果は近代科学の枠組みを内側から食い破る寸前まできている。このような状況においてもなお近代科学の枠組みを守ろうとする力は大きく作用している。現代科学の成果を近代科学の枠組みに従属させることができると考える誤謬と倒錯はいまもなお大きな運動量をもっている。

そこには現代科学を近代科学の延長線上にその量的拡大としてとらえることしかできない鈍磨した近代の知性がある。それは近代をこえる視野と射程をもつことのできない知性である。後近代を思い浮かべるだけの構想力を欠いた知性であるといわざるをえない。それは「合理から合理を追うてある型を出られぬ『知性』がどんな形で同一の堕落形式をくりかえすかを知る標本的適例である[18]」。そしてそのような鈍磨した知性にとっては、地球的規模の新しい政治的・社会的統合といえども、近代の枠組みに閉じたものとして考えることしかできないのであろう。それは近代世界史の延長線上に世界史の行方を考えることにほかならない。それは世界帝国への道である。

これに対して現代テクノロジーの内在的構造が示す両義性を過渡期の暫定的形態であることの証ととらえ、後近代のテクノロジーとそれを基礎とする後近代の社会を予期する立場があり得るであろう。そのような立場からは、現代テクノロジーの内在的構造は、後近代のテクノロジーを生みだす母胎としての役割を担うものとなり、テクノロジーの変容に媒介された現代社会の構造的変容は、後近代の社会を準備する過渡期の社会であることの証となる。それは地球社会への道である。世界帝国への道はそのような過渡期の暫定的形態を永続的に固定化することで近代の枠組みを守ろうとするものにほかならない。

世界帝国への道は地球上に外部をもつことによってのみ維持が可能な近代国家の枠組みを、地球上に外部がなくなった状態でもなお維持できると考える誤謬と倒錯に限界づけられている。それによって国家と国家との関係によって世界を秩序づける構造を克服することはできても、個と個の共同性を媒介する内的契機を欠落した近代国民国家の理念を変えることはできないからである。

七

世界帝国は地球上に唯一つの巨大な「リヴァイアサン」を生みだすことになり、そこでは画一的で一様な原子的個としての人間は、地球的規模で中央集権的な管理体制と権力支配のメカニズムに従属するしかないであろう。しかしそのようなシステムでは具体的な人間の日常生活における多様性や地域性を包摂しえず、無限に多様で個別的な人間の生活課題への対応を求められる地域社会の課題には無力であるといわざるをえない。それは国家より小さな問題解決の単位を必要とする課題には必ずしも有効ではなく、地域社会の再生という課題に正しく呼応するものとはいえないからである。地域社会の再生という課題は世界帝国への道を拒否するものといえよう。

地域社会の再生は個別的で多様な量子的個としての人間のあり方を踏まえたものでなければならない。地域社会の再生を世界帝国への道につながるものと考えてはならない。それは後近代の可能性を近代の枠組みの維持と延命のために浪費することでしかないからである。地球的規模で構築されたネットワーク・テクノロジーは、国家をこえた課題の自覚を促すものであったが、同時に地域における個と個の共同性を媒介し地域社会の再生を支える土台でもあった。個別的で多様な量子的個としての人間のあり方を媒介する「量子場の相互作用」的な原理を〈道具〉や〈装置〉という形で具体化したものこそ現代テクノロジーにほかならない。

テクノロジーの変容がつくりだす状況は、中央集権的な管理体制と権力支配のメカニズムを無化するものであり、世界帝国への道が断ち切られていることを明確に示すものにほかならない。そこには地球社会の誕生と地域社会の再生が相呼応する形で世界帝国への道を拒否する構造がある。そこに地球社会への道がある。地球社会は地域社会の再生を媒介することによってのみ世界帝国への道を阻止することができ、地域社会は地球社会の誕生を媒介することによってのみ世界帝国の最終細胞となる運命を回避することができる。テクノロジーの変容に媒介された現代社会の構造的変容の彼方に登場する後近代の社会は、そのような方向に求められねばならないであろう。

地球的規模で構築されたネットワーク・テクノロジーは、無限に多様で個性的な人間の活動を含み、そのような量子的個を「量子場の相互作用」的な関係のなかに統合していく構造をもっている。それは局所的に密度の高い共同性を成り立たせるとともに、それを閉鎖的な共同性としてではなく、地球的規模の関係性へと開いていくものでもある。地球社会の誕生は地域社会の再生をともない、地域社会の再生は地球社会の誕生へと通じている。それは生態系とよく似た構造をもった社会のあり方としてある。後近代の社会は自然と人間との共存する関係を踏まえて、人間と人間との共存する関係を地球的規模で自覚的に組織する社会でなければならない[19]。

後近代の社会は地域社会の自律性と多様性を保持しつつ、それを自閉的な共同性に閉じた社会としてではなく、地球的規模で構築されたネットワークを通じて、つねに地球的規模の開放的な関係性のなかに開いていく社会としてある。それは様々な生物種が重層的に折り重なることで、地域的な自律性と多様性を保持しながらも、そこで完結することなく、多様な物質循環を通じて、地球的規模のシステムにつながっている生態系とよく似た構造をもった社会であるといえよう。そこではテクノロジーとエコロジーは対立するものではなく、相携えて、地球社会へと向かう世界史の行方を指し示すものとなる。[20] それは地球的規模の循環型社会を建設することにほかならない。

地球社会の誕生に向けて準備を始めなければならない。地球社会の理念を具体化する制度的表現が求められているといえよう。それは地球共和国の姿を具体的に思い描くことである。世界史の現段階は世界帝国への道を疾走しているように見える。しかしそれは世界史の表層に浮かぶ幻影でしかない。その深層には地球共和国へと向かう確かな道が用意されているからである。地球共和国の姿を具体的な制度設計を通じて明らかにしなければならない。世界帝国への道は断ち切られている。われわれはためらうことなく地球共和国への道を歩まねばならない。地球と人類の未来はもはやそこにしかない。

(1) 現代国際政治における「超国家主体」と「亜国家主体」については、加藤朗『現代戦争論』(中央公論社、一九九三年) 三七―三八頁参照。
(2) ホッブズ『リヴァイアサン』第一巻（水田洋訳、岩波文庫、一九五四年）、第二巻（同、一九六四年）参照。
(3) 三木清はこのような機械論的原子論を「ゲゼルシャフト的アトミズム」と呼ぶ。三木清「形の哲学とゲマインシャフト」『三木清全集』第十巻（岩波書店、一九六七年）四六二―四六四頁参照。
(4) 伊東俊太郎『近代科学の源流』(中央公論社、一九七八年) 二九九―三〇一頁参照。
(5) 自然を支配する科学は人間を支配する科学に通じていた。
(6) 近代思想史の主流となる思想は、近代的な個の主体性を根拠とするデカルト主義である。ロマン主義はデカルト主義に対抗する思想として形成された。それは前近代的な場の共同性への郷愁を近代主義の枠内で表現するものといえよう。野田又夫『デカルト』(岩波書店、一九六六年) 一七八―一八四頁参照。

（7）拙著『核時代の思想史的研究』（北樹出版、一九八五年）二三二―二三三頁参照。
（8）同右。
（9）同右書、一六二―一六六頁、二三四―二四三頁参照。
（10）同右書、一六三頁、二三九―二四一頁参照。
（11）この業績によって南部陽一郎は二〇〇八年ノーベル物理学賞を受賞した。南部陽一郎『素粒子論の発展』（岩波書店、二〇〇九年）参照。
（12）それは梯明秀のいう「全自然史的過程」を現代科学の地平からとらえ直したものといえよう。梯明秀『全自然史的過程の思想』（創樹社、一九八〇年）参照。
（13）牛津信忠はこのような共同性を「主体的共同」と呼ぶ。牛津信忠・星野政明・増田樹郎編著『地域福祉論』（黎明書房、二〇〇〇年）一三―三六頁参照。
（14）広重徹『近代科学再考』（朝日新聞社、一九七九年）五四―八四頁参照。
（15）拙著『全共闘運動の思想的総括』（北樹出版、二〇一〇年）九六―一一二頁参照。
（16）そこに歴史の弁証法がある。現代テクノロジーに内在する現代科学の成果は、歴史の弁証法を駆動する原動力にほかならない。拙稿「グローバル化の両義性と歴史の弁証法」『初期社会主義研究』第二五号（二〇一四年）五〇―六〇頁（本書、八三―一〇〇頁）参照。
（17）前掲『全共闘運動の思想的総括』一一三―一二九頁参照。
（18）保田與重郎「文明開化の論理の終焉について」『保田與重郎全集』第七巻（講談社、一九八六年）一一頁。
（19）自然と共存する科学は人間と共存する科学でもあった。
（20）宮崎駿監督のアニメ映画には、テクノロジーとエコロジーを対立的にとらえ、テクノロジーを否定的に、エコロジーを肯定的に描いた作品が数多く見られる。生物的自然との関係（エコロジー）を肯定的に描いた『風の谷のナウシカ』（一九八四年）と、物質的自然との関係（テクノロジー）を否定的に描いた『天空の城ラピュタ』（一九八六年）は、それを代表するものといえよう。

核をめぐる構造の起源——三・一一以降の核

はじめに——個人史の章

二〇一一年三月一一日の東京電力福島第一原子力発電所の事故は、この国の核をめぐる構造を暴露し、科学者の醜態を白日のもとにさらした。しかしそれは三・一一以降にはじめて出現した構造ではなく、三・一一以前からすでにあった構造が原発の事故を契機として明るみにだされたものにすぎない。それは広重徹のいう「科学の体制的構造」が現代社会の只中に公然と姿を現したものにほかならない。そのような核をめぐる構造を、核物理学研究と原子爆弾開発計画の歴史をたどることで考えてみたい。冷戦期における科学の構造は第二次世界大戦中の原子爆弾開発計画に源流をもち、そのような科学の構造はこの国の研究体制にも色濃く影を落としている。原爆（原子爆弾）と原発（原子力発電）はいうまでもないことだが、ノーベル賞と核兵器もまた思いのほか近しい関係にある。そのことをこの国の核物理学研究の歴史のなかに見ていくことにしよう。

私は一九七一年に京都大学理学部に入学した。そしてその年は筑波研究学園都市（現・つくば市）の北端に、日本で最初の本格的な巨大科学の研究所である高エネルギー物理学研究所（現・高エネルギー加速器研究機構）が、文部省直轄の共同利用研究所として建設を開始した年でもあった。理学部で物理学を専攻し一九七五年に京大を卒業した。その後大学院に進学し素粒子物理学（高エネルギー物理学）を専攻することとなり、京大高エネルギー物理学研究室の大学院生になった。修士課程に進学した一九七五年に、京大グループの実験計画が高エネルギー物理学研究所の陽子シンクロトロンを用いた第一号実験として認められ、その準備のため翌年の一九七六年から筑波に常駐することになった。博士課程に進学した後に同研究所の実験グループに参加し、素粒子物理学の実験的研究を続け、博士課程を修了した一九八〇年まで四年間にわたって筑波で暮らした。

素粒子物理学（高エネルギー物理学）は物質の根源を探究する基礎科学であり、物質の究極の構成要素とそれらの相互作用を研究する学問である。しかしその研究には巨大な加速器や測定器などの実験装置が必要である。研究対象に注目すると素粒子物理学であり、研究手段に注目すれば高エネルギー物理学になる。それは巨大な実験装置を必要とする巨大科学でもある。したがって素粒子物理学の研究には、巨大な実験装置の建設と維持のため巨額の資金と多数の人員、高度な技術が必要となり、巨大な組織による長期にわたる研究を支える体制が不可欠である。研究者はそのような巨大な実験装置と研究体制の一部と化し、もはやそこに自立した一人ひとりの科学者としての自由度などほとんどないといってよいであろう。巨大科学の現場は行政組織や生産現場と同じであり、そこには公務員や会社員となんら変わることのない研究者の姿があるばかりである。

そのような素粒子物理学の研究体制は、政治や社会とのかかわりを不可避なものとした。そこには政治や社会と密着した科学と技術の姿がある。それは古典的な科学者のイメージを理想としていた私にとって強い違和感を覚えるものであった。アメリカの原子爆弾開発計画「マンハッタン計画」は巨大科学の原型となったものだが、戦後の素粒子物理学の研究体制にも、その負の遺産は色濃く影を落としていた。戦略兵器制限交渉（SALT）や戦略兵器削減交渉（START）の専門委員にノーベル賞級の物理学者が顔をそろえ、その代償として巨大な実験装置と巨額の研究費を獲得する。そしてその巨大な実験装置と巨額の研究費でノーベル賞を購う。そんな物理学者と国家の露骨な関係は、冷戦の終結にともなう超伝導超大型加速器（SSC）計画の中止によって、ひとつの区切りを迎えることになるが、科学と政治の関係をきびしく問うものとしてあった。

この国は核武装も核開発もしていなかったので、アメリカの場合ほど露骨なものはなかったが、それでもやはり科学と政治の関係は研究現場に影を落としていた。この国の素粒子物理学の研究体制もマンハッタン計画の負の遺産と無縁ではない。そのような巨大科学の現場で研究を続けるうちに、しだいに純粋な自然科学の領域にとどまることなく、科学と政治、科学と社会の関係を含む幅広い視点から、現代科学と現代社会のあり方を考えてみたいと思うようになった。そのような問題意識にもとづいて最初の研究テーマに選んだのは核兵器の問題であった。核兵器の存在は現代の巨大科学・巨大技術を象徴するものであり、核兵器をめぐる諸問題の研究を通じて、現代科学と現代社会の問題に迫ることができるのではないかと考えたからである。こうして私は防衛庁防衛研修所（現・防衛省防衛研究所）の助手として核兵器と核戦略の研究をすることになった。

私は一九八〇年から八五年にかけて、防衛庁（現・防衛省）の研究教育機関である防衛研修所（一九八五年四月から防衛研究所に改組）の助手として、核兵器と核戦略の研究に従事し、戦略理論と国際政治の研究と教育を担当した。それは一九七九年のソ連によるアフガニスタン侵攻から、一九八五年のゴルバチョフ書記長の登場を経て、レーガン・ゴルバチョフ会談に至る期間であり、冷戦の最終局面に当たる時期であった。そのようななかで、私は核兵器の技術的発達をふまえて、核戦略の理論的変遷を追跡することで、核兵器と核戦略の問題にアプローチする方法を採用した。それは下部構造としての核兵器の技術的特性の解析にもとづいて、上部構造としての核戦略の論理的構造を検証し、冷戦期の国際政治の理論的枠組みを解明しようとするものであった。こうして私は核兵器と核戦略の研究を経由して、戦略理論と国際政治の研究をするようになった。

一九八一年には日本の核武装の可能性を検討して、それに否定的な評価を下した報告書の作成にも関与した。しかし私の主要な関心事はグローバルな核戦略の構造と国際政治の理論的枠組みにあった。そしてそのような戦略理論と国際政治の研究を通じて、冷戦はもうじき終わり、ソ連は脅威ではありえなくなると考えるようになった。核兵器の登場は第二次世界大戦後の国際政治の構造に不可逆的な変化をもたらし、核兵器の存在に規定された国際政治の構造的変容は軍事力の役割に決定的な変更を迫っていたからである。冷戦構造は崩壊過程にあり、冷戦の終結は時間の問題であった。軍事力の役割の変更という客観的条件に呼応した主体的戦略の構築こそが必須の課題としてあった。冷戦後の世界を展望し、そこにおける軍事力のあり方を今から考えておかなければならない。それが一九八〇年代前半における私の核戦略研究から導きだされた結論であった。

しかし冷戦構造の存続を前提に、ソ連脅威論に自己の存在証明を求めていた防衛庁・自衛隊には、そのような主張を受け入れる見識も余裕もなかった。当時刊行を予定していた著書の内容が「反防衛庁的・反自衛隊的」であるという理由で発行禁止の処分を受けたのをきっかけに、防衛庁を退職する決断をした。そのころ議論を交わしたある防衛官僚は「冷戦はあと百年続く」と断言した。ベルリンの壁が崩壊したのはそれからわずか四年後の一九八九年のことであった。一九九一年にはソ連も消滅し冷戦は終結した。「冷戦はあと百年続く」ことに疑問をいだいていなかったのは、その防衛官僚に限られたことではない。当時の外務官僚や防衛官僚、国際政治学者は大多数がそのように考えていた。そこには構想力を欠いた知的惰性がある。そしてそのような知的惰性の破綻は、三・一一を契機とした原発の「安全神話」の崩壊に通底するものがあるといえよう。

日本の核物理学——仁科芳雄と荒勝文策

この国の原子核物理学は仁科芳雄と荒勝文策にその起点を求めることができる。仁科芳雄がコペンハーゲンのニールス・ボーアのもとから帰国し、荒勝文策がイギリスのキャヴェンディッシュ研究所から帰国したのは、いずれも一九二八年のことである。それは量子力学の誕生を経て、核物理学の研究が本格的に始まったばかりのころであった。仁科は一九三二年に理化学研究所の主任研究員として仁科研究室を発足させ、荒勝は台北帝国大学教授を経て一九三六年に京都帝国大学教授に就任した。こうして一九三〇年代にこの国の核物理学はスタートした。理研仁科研究室と京大荒勝研究室は、戦前の核物理学の二大拠点であった。理研サイクロトロンと京大サイクロトロンは第一線級の加速器であり、核物理学研究の水準は欧米と遜色のないものであった。湯川秀樹と朝永振一郎のノーベル物理学賞は、そのような環境のなかから生まれたものにほかならない。

二〇世紀の物理学における最大の発見となった相対論と量子論は、空間と物質の概念に革命的な変化をもたらした。時間と空間は独立に存在するものではなく、絶対時間と絶対空間という近代科学の基礎となる概念は、時空の相対性という概念に置きかえられた。また自然の観測者としての人間は、自然から独立な主体として自然の外にいるのではなく、自然の一部として自然の内にあることが明らかになった。さらに物質の運動は絶対空間のなかで空間と独立に起こる現象ではなく、時空のひずみやゆらぎである場の相互作用として起こる現象と理解されている。相対性理論と量子力学は近代科学の自然認識の枠組みを根底からゆるがすものとなった。とりわけ量子仮説の提唱から量子力学の建設に至る量子論の展開は決定的であった。そこには近代科学と異なる自然認識の枠組みがある。量子力学の成立は近代科学と明確に区別された現代科学の誕生であった。

量子論は一九〇〇年末のプランクによる量子仮説とともに産声をあげた。熱輻射の研究から生まれた量子仮説は、一九〇五年のアインシュタインによる光量子仮説へと発展していったが、量子力学の誕生にとって決定的な意味をもつのは、ラザフォードからボーアへと続く原子構造の研究であった。一九一一年にラザフォードはα粒子の散乱実験によって、原子は中心にある正の電荷をもった原子核と、その周囲を回る負の電荷をもった電子から構成されることを明らかにした。一九一三年にボーアはラザフォード・モデルに量子仮説を導入することで原子構造の理論をつくりあげた。一九二三年にはド・ブロィによる物質波の提唱があり、一九二五年にはハイゼンベルクによってボーアの対応原理を発展させた行列力学が、一九二六年にはシュレーディンガーによってド・ブロィの物質波の概念を発展させた波動力学がつくられた。こうして量子力学は誕生した。

原子構造の研究を経て確立された量子力学は、原子核の構造へとその探究の歩みを進めていった。仁科芳雄がコペンハーゲンのボーアのもとで、荒勝文策がラザフォードが所長を務めるキャヴェンディッシュ研究所で学んでいたのは、まさにそのような時期であった。それは核物理学の研究が本格的に始まろうとしていた時期にほかならない。彼らはこの国に量子力学と核物理学をもち帰った。仁科と荒勝のもとでこの国の核物理学の研究は進められていった。仁科と荒勝が本格的に核物理学の研究を開始した一九三〇年代は、加速器という新しい実験装置の登場に特徴づけられていた。ラザフォードは天然のラジウムから放出されるα線を用いて散乱実験を行ったが、一九三〇年代に入ると、加速器によって高速の粒子線を人工的につくりだし、それを用いて原子核の研究を進める方法が開発された。仁科も荒勝も加速器の建設とそれを用いた研究を進めていった。

一九三一年にはローレンスによるサイクロトロンの発明があり、この加速器がその後の核物理学の主要な実験装置となった。一九三二年にはコッククロフト・ウォルトン型加速器による原子核の人工変換実験が行われた。そして同じ一九三二年にチャドウィックは中性子を発見し、陽子と中性子という原子核の構成要素が明らかになった。陽子と中性子を総称して核子と呼ぶが、核子と核子をむすびつけて原子核をつくりあげている力を媒介する粒子が、一九三五年に湯川秀樹が予言し、一九四七年に宇宙線のなかにその存在が確認された中間子である。湯川の中間子論は素粒子物理学の誕生を告げるものであった。一九三五年にはフェルミによる中性子を用いた核反応の研究が始まり、一九三八年にはハーン、シュトラスマン、マイトナーによるウランの核分裂の発見を迎えることになる。中性子を吸収してウランの原子核が分裂する現象が確認されたのである。

台北帝大に赴任した荒勝はコッククロフト・ウォルトン型加速器を建設し、一九三四年にアジアで最初の原子核の人工変換実験に成功する。一九三六年に京大にもどってからもコッククロフト・ウォルトン型加速器による実験を続け、その後サイクロトロンの建設に着手する。これに対して理研の仁科は、最初からサイクロトロンの建設を進め、一九三七年に日本で最初のサイクロトロンの建設に成功する。これは二六インチサイクロトロンであり、小サイクロトロンと呼ばれた。引き続いて、六〇インチサイクロトロンの建設に着手し、一九四四年には大サイクロトロンが完成した。これは一九三九年にバークレーのローレンスが建設した六〇インチサイクロトロンと同じタイプであり、世界の第一線級の加速器であった。しかし具体的な成果を得ることなく敗戦を迎え、一九四五年に大小ふたつのサイクロトロンは占領軍によって破壊され東京湾に沈められた。

京大荒勝研究室ではコッククロフト・ウォルトン型加速器による実験とともに、中性子による核反応の研究も精力的に進められた。一九三八年末にウランの核分裂が発見されると、一九三九年には直ちにそれにともなって発生する中性子数の測定が行われた。このときの荒勝グループの測定値は、第二次大戦前に公表されたデータのなかで、もっとも精度の高いものであったと、戦後にジョリオ・キュリーが証言したと伝えられている。この国の核物理学の水準を示すものといえよう。さらに一九四〇年ころには、京大でもサイクロトロンの計画がスタートし、四〇インチサイクロトロンの建設が進められた。京大サイクロトロンは理研サイクロトロンより小型であったが、世界の第一線級の加速器であり、完成すれば大きな成果が期待された。しかしその完成を見ることなく敗戦を迎え、同じく一九四五年に占領軍によって破壊された。最終処分地は不明である。

敗戦によってサイクロトロンは破壊され、原子核の研究も禁止された。原子核や素粒子の分野で理論的研究は続けられたが、加速器を用いた実験的研究は不可能になった。かつての理研や京大のように、理論と実験をバランスよく進めることのできる環境はもはや望むべくもなかった。占領の終結とともに研究は再開され、理研と京大のサイクロトロンは再建されたが、その後の加速器を用いた素粒子物理学の実験的研究は、東京大学原子核研究所の電子シンクロトロンと、それを引き継いだ高エネルギー物理学研究所の陽子シンクロトロンによって進められた。それらは理研サイクロトロンの系譜を受け継ぐ加速器としてである。そしてその陽子シンクロトロンで最初の実験を行ったのは、京大荒勝研究室の系譜を引く京大高エネルギー物理学研究室であった。そこに理研仁科研究室の系譜と京大荒勝研究室の系譜が交差する構造を見てとることができるであろう。

原子爆弾開発計画——二号研究とF研究

原子爆弾は最初に実用化された現代科学の成果であった。それは相対論と量子論がなければ生まれることはなかった。一九〇五年にアインシュタインが提唱した特殊相対性理論から、質量とエネルギーの等価性が導きだされた。この質量とエネルギーの等価性こそ核エネルギーの理論的根拠となるものにほかならない。しかしそれだけでは単なる理論的可能性にとどまり、実用化の可能性を示すものではなかった。原子構造の研究を経て一九二六年に誕生した量子力学は、原子核と素粒子の領域へと探究の歩みを進めていったが、これらもまた物理学者の知的関心をひくものであっても、実用化の可能性につながるものと考えられてはいなかった。それが一九三八年末のハーン、シュトラスマン、マイトナーによる核分裂反応の発見によって一変した。これを契機に、核エネルギーの実用化は急速に進展し、一九四五年の広島と長崎の原爆投下につながっていった。

一九三九年にジョリオ・キュリーは、核分裂にともなって数個の中性子が発生することを確認し、持続連鎖反応の可能性を指摘した。この持続連鎖反応の理論は核エネルギーの実用化に根拠を与えるものとなった。持続連鎖反応を制御することができれば、そこからエネルギーを取りだすことができるからである。こうして第二次世界大戦という政治的状況に媒介されて、原子爆弾開発計画は急速に具体化されていった。原子爆弾開発に対する最初の組織的な検討はイギリスで行われたが、その後の開発の中心はアメリカに移り、一九四二年六月に陸軍管轄の原子爆弾開発計画「マンハッタン計画」がスタートした。そして三年の歳月を経て、三発の原子爆弾の開発に成功した。一九四五年七月一六日にニュー・メキシコ州アラモゴルドの砂漠でプルトニウム爆弾の実験が行われ、八月六日には広島でウラン爆弾が、九日には長崎でプルトニウム爆弾が投下された。

一九四二年一二月にフェルミは原子炉内で持続連鎖反応の制御にはじめて成功した。このときの使用済核燃料からプルトニウムが得られることがわかり、プルトニウム生産用の原子炉が建設された。

こうして生産されたプルトニウムは長崎に投下されたプルトニウム爆弾の原料として使用された。これに対してウラン爆弾の原料を得るには、天然ウランから同位体を分離しなければならない。プルトニウムの分離には化学的特性の違いを利用すればよいが、同位体は化学的特性が同じなので、質量のわずかな違いという物理的特性を利用してウランの同位体を分離する物理的方法が必要であった。ローレンスはサイクロトロン用の電磁石を同位体の質量分析装置として使用することを提案し、ガス拡散法で濃縮したウランをこの分離装置のイオン源とする電磁的方法が採用された。こうして分離されたウランは広島に投下されたウラン爆弾の原料として使用された。

アメリカの原子爆弾開発計画「マンハッタン計画」が具体的に進行していたころ、この国でも核エネルギーの軍事利用の可能性が検討され、陸軍と理研仁科研究室による「二号研究」と、海軍と京大荒勝研究室による「F研究」が企画立案された。アメリカが国家の総力をあげて原子爆弾の開発に取り組んでいたころ、この国では陸軍と海軍がそれぞれ別々の計画を進めていた。陸軍は一九四〇年に核エネルギーの軍事利用の可能性について調査を始め、一九四一年には理研の仁科に対して、サイクロトロン建設の援助とともに、原子爆弾開発のための研究調査を依頼した。そして理研からの報告書を受けて、一九四二年に「二号研究」が開始された。仁科研究室では熱拡散法によってウランの同位体を分離する方法を採用し、一九四四年から分離筒の製作と実験が行われたが不成功に終わった。一九四五年の東京空襲によって分離筒は破壊され研究は中止された。

海軍の取り組みは陸軍より遅れて始まった。海軍技術研究所は一九四二年に陸軍の計画とは独立に、仁科を委員長とする物理懇談会を発足させ、原子爆弾開発の可能性について検討に着手した。しかし一九四三年にアメリカといえども原子爆弾を今時大戦中に完成させることはできないであろうという結論に達した。一九四二年には海軍艦政本部が京大の荒勝に対して、サイクロトロン建設の援助とともに、原子爆弾開発の研究を依頼し、一九四三年に「F研究」が開始された。陸軍と海軍だけでなく、海軍のなかでも独立に複数の取り組みがなされていたのである。荒勝研究室では遠心分離法によってウランの同位体を分離する方法を採用し、遠心分離器の設計と製造が進められた。しかし研究が本格化したのは一九四四年後半のことであり、資材の不足と若い研究者がほとんど徴兵された後であったため、十分な成果をあげることなく敗戦を迎えた。

理研では分離筒がつくられ、京大では遠心分離器が検討され、それぞれ熱拡散法と遠心分離法によるウランの同位体の分離を目的とした実験と理論的計算は行われたが、積極的に原子爆弾を開発しようとしていた様子は見受けられない。アメリカといえども原子爆弾を今時大戦中に完成させることはできないであろうという物理懇談会の結論は、この国の核物理学者の共通了解であり、核物理学の基礎的研究の推進とサイクロトロンの建設が彼らの主要な関心事であった。アメリカではウランの同位体の分離だけでなく、原子炉の建設とプルトニウムの生産が並行して進められた。ドイツでは原子爆弾については日本の研究者と同じ考えであったが、ハイゼンベルクを中心に原子炉の開発が進められていた。しかしこの国ではプルトニウム爆弾も原子炉の建設も検討されることはなかった。ニ号研究とF研究に原子爆弾開発計画としての実体はなかった。

それだけに広島と長崎に原子爆弾が投下されたことを知ったときの彼らの衝撃は大きかった。アメリカといえども原子爆弾を今時大戦中に完成させることはできないであろうという物理懇談会の結論が、みごとに否定されてしまったからである。理研仁科研究室と京大荒勝研究室は、それぞれに調査団を結成して直ちに広島の調査に入り、引き続いて長崎の調査も行った。それによって広島と長崎に投下された新型爆弾が原子爆弾であることを確認した。そこには原子爆弾による巨大な破壊の跡がくっきりと残されていた。それは予想をはるかにこえた巨大な破壊力の開示であった。原子爆弾のあまりにも大きな破壊力は、マンハッタン計画に参加した多くのアメリカの物理学者に衝撃を与えたが、この国の物理学者も同じ思いをいだくことになった。そしてその後に待っていたのが、占領軍によるサイクロトロンの破壊と原子核の研究の禁止であった。

しかしこの国が占領下に置かれ、原子核の研究が禁止されていた時期は、国際的には核兵器の開発が急速に進み、核兵器の巨大な破壊力に限界づけられた冷戦構造が形づくられていった時代であった。一九四九年にソ連は最初の原子爆弾の実験に成功した。アメリカはそれに対抗して、一九五〇年には水素爆弾の開発に乗りだし、一九五四年に水素爆弾の実験に成功した。ソ連も一九五五年には水素爆弾の実験に成功し、米ソ両国が大量の核兵器を保有して対峙する構造が成立した。運搬手段としての弾道ミサイルや原子力潜水艦の開発と配備も進み、それらを運用するために地球的規模で通信・情報システムの整備も進んだ。核兵器は単なる核弾頭の集積にとどまるものではなく、地球的規模で展開された巨大技術の体系としてその姿を現した。この国が占領を解かれ原子核の研究が再開されたとき、それを取り巻く世界は核兵器の脅威のもとに置かれていた。

原子力の平和利用――原爆から原発へ

マンハッタン計画は史上空前規模の科学動員体制のもとで行われた。そしてそこでつくりだされた科学の構造は、戦争が終わっても消え去ることはなかった。核物理学は物理学者の知的関心に奉仕するものから、国家の軍事戦略に奉仕するものへと変わっていたからである。そしてそれは核物理学に限られたことではなかった。核エネルギーの実用化は軍事利用から平和利用へと変化をとげていったが、原子力の平和利用も第二次世界大戦中の科学動員体制の負の遺産を引き継ぐものでしかなかった。原子力の平和利用において主役となったのは原子力発電（原発）であったが、それは原子爆弾（原爆）の負の遺産を相続するものにほかならない。マンハッタン計画を通じてつくりだされた科学の構造は、現代科学のあり方を強く呪縛するものになっていた。そこには冷戦構造のもとで戦時動員体制が固定化されて存続している姿を見てとることができるであろう。

史上最初の原子炉は一九四二年にシカゴのフェルミのもとで誕生した。それは天然ウランを燃料に黒鉛を減速材として用いた黒鉛炉であった。そしてそれはプルトニウム生産用原子炉の原型になった。原子炉はマンハッタン計画のなかで、原子爆弾の原料となるプルトニウムを生産するための装置として位置づけられていた。第二次世界大戦の終結とともに、核兵器開発の任務は、一九四六年に発足した原子力委員会（ＡＥＣ）に引き継がれたが、ＡＥＣの活動は核兵器の開発・生産にとどまらず、動力用原子炉の開発にも力がそそがれていった。最初に開発された原子炉は発電用ではなく、海軍艦艇の推進機関用の動力炉であった。それは濃縮ウランを原料に軽水を減速材として用いた軽水炉であった。一九五四年にはこの軽水炉を搭載した最初の原子力潜水艦ノーチラス号が就航した。アメリカの原子炉の開発は軍事利用を目的として進められたものであった。

一九五三年に国連総会で行われた、アメリカのアイゼンハワー大統領の演説「平和のための原子力（Atoms for Peace）」は、原子力の平和利用への転換であった。それは軍事利用を目的として開発された原子炉を発電用に転用することであった。アイゼンハワー大統領の国連演説を契機に、本格的な発電用原子炉の開発が始まり、相次いで原子力発電所の建設が進められていった。一九五四年にはソ連のオブニンスク原子力発電所が、一九五六年にはイギリスのコルダーホール原子力発電所が発電を開始した。一九五七年にはアメリカで最初の営業用のシッピングポート原子力発電所が完成した。ソ連やイギリスの原子炉は天然ウランを燃料に黒鉛を減速材として用いた黒鉛炉であったが、アメリカの原子炉は海軍用原子炉を発電用に転用したものであり、濃縮ウランを燃料に軽水を減速材として用いる軽水炉であった。この軽水炉が発電用原子炉の主流となった。

一九五三年のアイゼンハワー演説を契機に、一九五四年ころからこの国でも原子力開発に向けた動きが見られるようになった。それはアメリカの政策転換に呼応した保守政治家の主導のもとでなされたことであり、アメリカから軽水炉の技術を導入することで原子力開発の体制を構築しようとするものであった。一九五四年には原子力予算案が国会に提出され、一九五五年には原子力基本法が制定されて、この国の原子力開発がスタートした。一九五六年には原子力委員会が設置され、一九五七年には科学技術庁も発足して、原子力開発の体制が確立されたが、それは原子力委員に就任した湯川秀樹が抗議の辞職をしたことにも見られるように、この国の核物理学研究の蓄積と物理学者たちの見解を疎外することで成立した体制であった。そこには二号研究やF研究との断絶に自覚的な立場と、マンハッタン計画と地続きであることに無自覚な立場の対立があった。

一九五六年には日本原子力研究所（現・日本原子力研究機構）が設立され、東海研究所が設置された。一九六三年には東海村に建設された動力試験炉によって日本で最初の原子力発電が行われた。一九六五年には日本原子力発電東海発電所で商業用原子炉が臨界に達し、一九六六年には営業運転を開始した。このときの原子炉はイギリスから輸入したコルダーホール型であったが、これ以降に建設された商業用原子炉はすべてアメリカで開発された軽水炉が導入された。コルダーホール型は発電用にとどまらず、兵器用プルトニウムの生産も考慮して開発された原子炉であった。アメリカで開発された軽水炉は原子力潜水艦の動力用として開発された原子炉を発電用に転用したものであった。それらはいずれも軍事利用を目的として開発された原子炉を平和利用に転用したものにほかならない。それゆえマンハッタン計画の負の遺産に呪縛されたものとしてあった。

アメリカの対日政策には「平和利用」の美名によって日本人の「核アレルギー」を払拭し、この国を核戦略体制に包摂するとともに、原子力産業の市場として確保する狙いがあった。この国の保守政治家には、そのようなアメリカの対日政策に呼応することで原子力産業を育成するとともに、原子力技術の確立を通じて将来の核武装の選択肢を確保するという目論みがあった。彼らは核オプションを手放すことは国家の独立を放棄することに等しいと考えていたからである。そこには「平和利用」の衣の下に「軍事利用」の鎧が見え隠れしていた。首相や政府の要人、与党の有力政治家によって、核武装について肯定的な発言がくり返され、日本の核武装の可能性についての検討も一度ならず行われた。しかしそれらの結果はいずれもこの国の核武装に否定的な評価を下しており、日本の核武装が戦略オプションとして有効なものではないことを明確に示している。

一九六八年に内閣総理大臣佐藤栄作は「核兵器をもたず、つくらず、もちこませず」という非核三原則を表明し、一九七〇年に日本政府は核不拡散条約に署名した。しかし核オプションを手放すことへの抵抗は根強くその批准は順調ではなかった。ようやく一九七六年に批准にこぎつけ、日本の原子力産業は核不拡散条約にもとづく国際原子力機構（ＩＡＥＡ）の査察を受け入れた。この国は軍事利用と一線を画すことで、原子力の平和利用を進めてきたといえよう。にもかかわらず、北朝鮮の核実験に対して日本も核武装を検討すべきという言説が飛び交ったように、核オプションへの執着には今なお根強いものがある。それに対する日本人の反核・平和への意志もまた無視することはできない。しかしそのような日本人の反核・平和への意志は軍事利用と一線を画した原子力の平和利用を否定するものではなかった。三・一一はその妥当性を問うものとなった。

マンハッタン計画は陸軍マンハッタン工兵管区司令官グローブス准将（後に中将）のもとで、軍事作戦として実施された大規模な科学動員であった。そこには中央集権的な管理体制と権力支配のメカニズムに包摂された科学の構造があり、秘密主義と官僚主義に呪縛されたテクノクラート支配の構造がある。原爆はそのような構造のなかから生まれ、その後継者となった原発もまた同様の構造のなかにある。原爆と原発は地続きであった。原発は原爆の正統な継承者にほかならない。そこにはグローブスの呪いが込められた構造がある。三・一一はそのような核をめぐる構造を暴露した。原子力の平和利用という言説は、原爆と原発を区別することで、原爆と原発のつながりを隠蔽してきた。三・一一はヒロシマ、ナガサキとフクシマが地続きであることを暴露し、核をめぐる構造の虚構を撃つものとなった。グローブスの呪いから世界を解放しなければならない。

科学の体制的構造——広重徹の遺産

近代日本の科学体制のなかに大きな存在感を示すものとして、一九一七年に設立された理化学研究所（理研）をあげることに異論はないであろう。とりわけ一九二一年に第三代所長に就任した大河内正敏のもとで、理研は目覚ましい発展をとげていった。仁科研究室の核物理学研究に代表される優れた研究実績は国際的にも高い評価を得た。大河内は主任研究員制度を導入して、科学者に大きな権限と自由な研究を保証することで「科学者の自由な楽園」といわれる独自の研究体制をつくりだした。そこには大規模な実験装置を用いた共同研究や、専門の垣根をこえた学際的交流の場があった。それのみではない。大河内は理研の研究成果を製品化することで利益を上げ、その利益を研究費として還流するシステム（理研コンツェルン）をつくりあげた。そこには科学と技術の密接な関係があり、科学研究が技術開発と直結することで利権を生みだす構造があった。

理研の設立は国家事業として進められ、仁科研究室の核物理学研究にも潤沢な国家資金が投入された。さらに二号研究がスタートすると、サイクロトロン建設費を陸軍が支援する構造がつくりあげられていった。そこには巨大な実験装置と多額の資金を必要とする共同研究という戦後に顕著になる研究体制の特徴が胚胎していた。科学と技術の密接な関係が巨大な利権を生みだす構造も、戦後の科学と技術のあり方を先取りするものであった。しかし科学と技術の密接な関係が生みだすものは利権だけではない。マンハッタン計画を通じて、科学と技術の密接な関係は権力を生みだすことが証明された。ニ号研究やF研究にもそのような構造の萌芽はみられるが、原爆開発に成功し戦勝国となったアメリカではより一層顕著なものとなった。現代科学の成果はそのような科学の構造に封印され、科学者は体制に依存するテクノクラートになることを余儀なくされた。

このような科学の構造を広重徹は『科学の社会史』（中央公論社、一九七三年）のなかで「科学の体制的構造」と呼んだ。そこには近代科学の自然認識の枠組みに呼応する体制があり、現代科学の成果を近代科学の枠組みで管理する構造がある。近代国家は近代科学の自然認識の枠組みに呼応する構造をもち、中央集権的な管理体制と権力支配のメカニズムはその究極の姿であった。そこには中央集権的な管理体制と権力支配のメカニズムに包摂された科学の構造がある。科学の体制的構造は現代科学の成果を近代科学の枠組みで管理する構造を通じて権力と利権を再生産する体制であり、科学者たちは体制に依存するテクノクラートとして国家の威信と企業の利益に奉仕する下僕に成り下がっている。それゆえ彼らは自然と人間に敵対する行為をくり返して恥じることがない。そこにはグローブスの呪いに取り憑かれた科学者たちの姿があるといわねばならない。

三・一一が暴露した核と科学の構造は、マンハッタン計画に源流をもつものであり、核物理学とともに始まった科学の体制的構造は、生命科学の目覚ましい発展によって、今や物質的自然と人間の関係にとどまらず、生物的自然と人間の関係をも深く蝕むものになっている。現代の科学者たちが示す醜態には目を覆いたくなるものが少なくない。このような科学と科学者のあり方に対して、広重は「科学の前線配置を変え」なければならず、そのために「科学のコントロールの主導権を資本や国家からわれわれの手にとりもどす努力が必要である」と指摘し、科学は「全人民的なコントロールのもとにおかれねばならない」と主張する。「科学の前線配置を変え」なければならないという指摘は、三・一一以降においてこそ喫緊の課題であるといえよう。そしてそれは現代の科学と科学者をグローブスの呪いが込められた体制から解放することでなければならない。

広重にとって、科学の体制的構造はまさに目の前に出現しつつある構造であった。しかし現代の科学者たちにとって、それはもはやあまりにも日常的な風景でしかない。そしてそれゆえに、そのことを意識することもない。体制の維持のために「反人民的」な行為をくり返して恥じることのない専門家の姿は、もはやあまりにもありふれた光景であるといえよう。そこに専門家への根強い不信が生じる原因がある。だからこそ、自閉的な専門家集団の自律性に委ねることはできず、科学への社会的なコントロールが必要となるのである。科学の体制的構造がその姿を現しつつあったとき、大多数の科学者たちはそれを科学と科学者に対する外在的な桎梏と見なすことしかできなかった。しかし広重はそれを近代科学の自然認識の枠組みに呼応する内在的な構造をもったものと考えた。近代科学の自然認識の枠組みが科学の体制的構造の出現を不可避なものとした。

科学の体制的構造は近代科学の自然認識の枠組みによって管理された科学の構造の高度に完成され

た形態にほかならない。しかし科学のあり方がそのようなものでしかないとしたら、内在的な要因による前線配置の変更は不可能であるといわざるをえない。現代の科学者たちはむしろ科学への全人民的なコントロールをこそ科学と科学者に対する外在的な桎梏と感じるであろう。そしてそのような科学者たちの無自覚なあり方が、きびしく批判されなければならないことはいうまでもない。それこそがグローブスの呪いに取り憑かれた科学者たちの姿だからである。しかし近代科学以外に科学のあり方を考えることができないとしたら、それだけでは科学と科学者への外在的批判にとどまるしかないであろう。そこには科学の前線配置の変更を可能にする内的契機が欠落しているからである。広重科学史のなかに近代科学に代わる科学のあり方を見出すことはできない。

科学の体制的構造は近代科学の枠組みによって管理された科学の構造の高度に完成された形態であった。しかしそれは近代科学と異なる自然認識の枠組みを前提とする現代科学の成果を導入し、それに媒介されてはじめて可能になる構造であることを忘れてはならない。現代科学の成果を近代科学の枠組みで管理する構造は、その内部に異なる自然認識が鬩ぎ合う構造を含んでいた。そのような現代科学の成果こそ科学の前線配置の変更を可能にする内的契機にほかならない。科学者たちがそのことに気づいたとき、全人民との連帯に道が開ける。広重はそのことに十分自覚的であったとはいえない。広重科学史は近代科学の枠組みがもつ支配力への過大評価と、そこに内在する現代科学の成果に秘められた可能性への過小評価に引き裂かれている。残念ながら、彼は相対論と量子論が切り開いた革命的地平の広がりを必ずしも十分に理解できていたとはいえない。

現代科学の成果を近代科学の枠組みで管理する構造は、近代科学の枠組みによって管理された科学の構造に現代科学の成果を導入することで成立した。それゆえ現代科学の研究を強く促すものとなり、その成果は相次いで実用化が進められていった。それは近代科学の枠組みで管理する構造のなかに現代科学の成果を導入する役割を果たした。近代テクノロジーは近代科学の自然認識の枠組みをふまえて成立したものであり、近代科学の成果を近代科学の枠組みで管理する構造をもっていた。現代テクノロジーは近代テクノロジーのなかに現代科学の成果を導入する役割を果たし、そこに内在する現代科学の成果はテクノロジーの変容を促す要因になっている。このようなテクノロジーの変容こそが科学の前線配置の変更を可能にする内的契機であることを見落としてはならない。そしてそのようなテクノロジーの変容が現代社会の構造的変容を引き起こしている。

おわりに——現代科学の地平

近代科学は自然（物体）と人間（精神）の実在的区別を前提として、自然を対象的に認識する自然認識の体系として成立した。自然は人間の主観から独立かつ客観的に存在する実体であった。これに対して人間は自然から切り離された認識主体として、そのような自然の外に立つものと位置づけられた。そしてそのようなものであることによって、対象的自然を客観的な自然法則にしたがう自然現象として記述することが可能になった。自然は機械的法則にしたがう要素的実体の集合であった。このような法則的知識の体系として近代科学は成立した。そしてそのような近代科学の原型となったものこそ、一七世紀に天文学と力学において自己を確立した物理学にほかならない。いうまでもなくニュートン力学（古典力学）がそれである。そこには自然（物体）を構成する要素として質点（粒子）があり、それらの運動を支配する数学的に整序された法則があった。

それは一七世紀科学革命の起点に位置するものといえよう。近代科学は自覚的な方法と論理をもった知的営為として登場した。そしてそれは法則的知識にもとづく自然の操作的支配に道を開くものとしてある。こうして人間は自然に対する支配者としての地位を確保した。近代テクノロジーは近代科学の自然認識の枠組みをふまえ、人間が自然を支配する関係を自覚的に組織したものにほかならない。そこには近代科学の成果を近代科学の枠組みで管理する構造があった。それは工業生産力の目覚ましい向上をもたらし、それによって人間の活動の自由度は飛躍的に増大した。しかしそれは同時に、人間が人間を支配する関係を呼び寄せるものでもあった。そこには人間が自然を支配する関係を自覚的に組織し、それをふまえて人間が人間を支配する関係を自覚的に組織する構造があった。中央集権的な管理体制と権力支配のメカニズムはその極限的形態であった。

二〇世紀は近代科学の自然認識の枠組みが、地球的規模で世界を覆いつくしていった時代であった。しかしそれは同時に、近代科学とは異質な自然認識の枠組みをもった現代科学が生まれ、大きく育っていった時期でもあった。近代科学のフロント・ランナーになった物理学は、現代科学の誕生に際しても、再び主導的な役割を演じることになった。二〇世紀は物理学の世紀であった。二〇世紀の物理学における最大の発見は、相対論と量子論であり、このふたつがなければ、原爆も原発も生まれることはなかったが、同時に、地球的規模で構築されたネットワーク・テクノロジーも、目覚ましい発展をとげた情報科学や生命科学の成果もなかったであろう。それらはまぎれもなく現代科学の所産であった。それは近代科学の自然認識の枠組みを根底から覆すものとしてある。現代テクノロジーは現代科学の成果を近代科学の枠組みで管理する構造として成立した。

相対論と量子論の登場は物理学における革命であった。とりわけ量子仮説の提唱から量子力学の建設に至る量子論の展開は、近代科学の自然認識の枠組みに死を宣告するものになった。それは自然（物体）と人間（精神）の実在的区別をこえて、人間をその一部として含む自然の姿を明らかにした。人間は長い自然の営みのなかから、自然の一部として生まれ、そのような自然の一部である人間が認識主体として、自らをその一部として含む自然の構造を明らかにする。量子力学の自然認識はそこに成立する。このような自然認識の枠組みが、近代科学のそれと明確に異なるものであることはいうまでもないであろう。量子力学の成立は近代科学と明確に区別された現代科学の誕生であった。現代科学の自然認識の枠組みは人間をその一部として含む自然の構造に規定されている。このような現代科学の成立は二〇世紀科学革命と位置づけることができるであろう。

一七世紀科学革命は、人間が自然を支配する関係を自覚的に組織し、それをふまえて人間が人間を支配する関係を自覚的に組織する構造をつくりだした。これに対して二〇世紀科学革命は、自然と人間が共存する関係を自覚的に組織し、それをふまえて人間と人間が共存する関係を自覚的に組織する構造をつくりだすことが不可避な課題であることを示している。現代科学の成果を近代科学の枠組みで管理する構造は、二〇世紀科学革命の成果を一七世紀科学革命の枠組みで管理する構造にほかならない。それは近代科学の枠組みに呼応する社会から現代科学の枠組みに呼応する社会への過渡期に成立する形態と考えるべきであろう。現代テクノロジーに内在する現代科学の成果は、中央集権的な管理体制と権力支配のメカニズムになじまないものであり、地球的規模で構築されたネットワーク・テクノロジーは国家をこえた課題の自覚を強く促すものといえよう。

現代科学の成果を近代科学の枠組みで管理する構造は、現代科学の自然認識の枠組みのなかで活用すべき現代科学の成果を、近代科学の自然認識の枠組みのなかに封じ込め、その枠内でコントロールできると考える誤謬と倒錯を、それとして自覚することなく含んでいた。しかしそのような科学の構造は現代科学の研究を強く促すものであり、それらの研究成果は相次いで実用化へと進んでいった。現代科学の成果を近代科学の枠組みで管理する構造は、近代科学の枠組みのなかで近代科学の成果を利用する構造のなかに、それとは異質な自然認識の枠組みを刻印された現代科学の成果を、それとして自覚することなく、大量に導入する役割を果たしている。現代テクノロジーはその内部に、大量の現代科学の成果を含むものになっていることを見落としてはならないであろう。それは現代テクノロジーの内在的構造に含まれた自己否定の契機にほかならない。

科学の体制的構造の成立は現代科学の成果が国家の所有物になったことを意味していた。しかしそれは同時に、国家が自らの内部にそれとして自覚することなく、自己否定の契機を抱え込んだことでもあった。そこに歴史の弁証法がある。近代科学の枠組みのなかに導入された大量の現代科学の成果こそ歴史の弁証法を駆動する原動力にほかならない。もはや近代科学の枠組みは現代テクノロジーの内在的構造を外から呪縛する外枠でしかない。そこには現代テクノロジーの内部に深く浸透した現代科学の自然認識の枠組みと、それを外から呪縛する外枠でしかない近代科学の自然認識の枠組みが、きびしく鬩ぎ合う構造がある。それは歴史の弁証法に限界づけられた過渡期の形態にほかならない。三・一一が暴露した核と科学の構造とはそのようなものであった。核廃絶と脱原発は現代科学の枠組みに正しく呼応する社会の登場を示す明確な指標になるであろう。

にもかかわらず、近代科学の枠組みに執着する心性は今もなお大きな運動量をもっている。現代科学の研究に従事する現代の科学者といえども、その大部分は今なお近代科学の研究に従事する科学者としての自意識を維持しているように見受けられる。彼らは歴史の弁証法に無自覚なままである。そこにはグローブスの呪いに取り憑かれた科学者たちの姿がある。にもかかわらず、彼らは現代科学の研究を推進することを通じて、それとして自覚することなく、歴史の弁証法を駆動する役割を演じている。主観的には近代科学の枠組みに忠実なつもりでも、客観的には現代科学の枠組みに呼応するものになっているからである。現代の科学者はそのことを自覚し、グローブスの呪いから自己を解き放さねばならない。三・一一が科学者たちに求めているのはまさにそのことである。現代の科学者は歴史の弁証法を駆動する主体としての自覚をもたなければならない。

核なき世界への出口を求めて――ヒロシマ・ナガサキから七〇年、フクシマをこえて

ヒロシマとナガサキへの原子爆弾の投下と、それに続くポツダム宣言の受諾を経て、この国の「戦後」は始まった。それは第二次世界大戦の「敗戦」以後を意味するものにとどまらず「核戦争」以後を意味するものとしてあった。「戦後」は核兵器の存在に限界づけられた「核時代」にほかならない。第二次世界大戦以後、この国は自国が戦場になることも、他国に対して武力を行使することもなかったが、地球上の各地では武力紛争がくり返されてきた。ことさらに「戦後」を言挙げすることは「一国平和主義」に自閉する自己満足にすぎないという指摘もあるだろう。しかしヒロシマ・ナガサキ以後、核兵器が実戦で使用されたことはなく、核戦争は一度も起こらなかった。「核戦争」以後を意味する「戦後」は地球的規模へと開かれている。「戦後」を語ることは、この国に閉じた課題ではなく、核なき世界への出口を探すことでなければならない。

核兵器の登場は、第二次大戦後の国際政治の構造に不可逆的な変化をもたらし、核兵器の存在に規定された国際社会の構造的変容は、軍事力の役割に決定的な変更をせまるものとなった。冷戦構造は

核兵器の巨大な破壊力を前提とした相互抑止の構造に限界づけられていた。米ソ両国は大量の核兵器を保有し地球的規模で対峙を続けた。そしてそのような構造は軍事力の行使にきびしい制約を課すものとなった。軍事力の行使は核戦争へと発展する可能性を含み、核兵器の使用は全面核戦争へと発展する可能性を否定できないと考えられていたからである。核兵器の地球的規模の破壊力は、全面核戦争における勝者の不在を不可避なものとし、軍事力の行使は「勝者なき戦争」への扉を開くものとしてあった。米ソ両国はそのような状況を自覚し、核戦争を回避すべく行動した。軍事的衝突は局地戦争に限定され、自由な軍事力の行使への誘惑は封印されていた。このような軍事力のあり方を〈軍事力の自己否定〉と定式化することができるであろう。戦後の国際政治は構造化した〈軍事力の自己否定〉に呪縛されていた。

核兵器は国家の所有するものでありながら、国家をこえて国家を制約するものとしてある。それは主権国家のあり方をゆるがすものといわなければならない。かつて軍事力は主権の発動を担保するものであり、それゆえ〈主権の象徴〉としてあった。それは主権国家の証であった。これに対して核兵器は軍事力の行使をきびしく制約するものであり、むしろ〈主権の制限の象徴〉というべきであろう。〈軍事力の自己否定〉という軍事力のあり方は、もはや〈主権の象徴〉ではなく〈主権の制限の象徴〉であり、現代国家は〈主権の制限の象徴〉としての軍事力のあり方に媒介されて、半主権国家に変質していると考えなければならない。主権国家としての近代国家は構造化した〈軍事力の自己否定定〉に媒介されて、半主権国家としての現代国家へと変質することを余儀なくされた。近代の国際政治が主権国家を単位とする政治の枠組みだとすれば、戦後の国際政治は半主権国家を単位とする政治の枠組みととらえることができる。そこには〈近代の自己否定〉がある。〈軍事力の自己否定〉は〈近代の自己否定〉であった。

米ソ両国といえども半主権国家としての現代国家のあり方から自由ではなかった。しかし米ソ両国を含む大多数の国家は、自らの半主権国家としての本質に十分自覚的であったとはいえない。それは消極的な半主権国家であった。そのような戦後の国際政治のなかで、自らの半主権国家としての本質を公然と掲げ続けてきた特異な国家があった。いうまでもなく「交戦権の否認」と「戦力の不保持」という原則によって「戦争の放棄」を定め「国権の発動としての戦争」を禁止する憲法をもった戦後の日本である。日本国憲法の第九条は、主権の発動に厳しい制約を課すものであり、その半主権国家としての本質を開示するものにほかならない。戦後の日本は積極的な半主権国家であった。それは構造化した〈軍事力の自己否定〉に正しく呼応するものといえよう。戦後の国際政治は国際社会から地球社会への過渡期に成立する政治の枠組みであり、戦後の日本はそのような過渡期の形態にきわめてよく適合する構造をもつ国家であった。それは地球社会の誕生を予期し、そこに自らの運命を委ねる決意をした国家であった。

日本国憲法の第九条は、国家の最高法規が主権の発動にきびしい制約を課すことで、核兵器が国家に課した制約を肯定的にとらえ返したものにほかならず、核兵器がつくり出した構造を核兵器なしで継承していく道筋を示したものといえよう。それは核なき世界への出口を示す道標としてある。核兵器の存在が否定的・消極的な〈近代の自己否定〉だとすれば、憲法第九条は肯定的・積極的な〈近代の自己否定〉と考えなければならない。それは〈後近代〉への道筋を示す世界の道標であり、〈近代の超克〉の課題を担うものにほかならない。冷戦の終結によって全面核戦争が発生する可能性はほとんどなくなり、軍事力の行使に課された制約も解除されたかにみえたが、冷戦後の世界においても、構造化した〈軍事力の自己否定〉は健在であり、すべての戦争が「勝者なき戦争」としてしかありえないという事実はなんら変わっていない。冷戦の終結は冷戦以前への回帰ではなく、核なき世界が近づいたことを示すものと考えるべきであろう。戦後七〇年を迎えて、憲法第九条の存在はますます貴重なものとなってきた。

戦後の日本は〈近代の自己否定〉を内に含む〈近代国家〉であった。このような戦後の日本のあり方を、保田與重郎は『述史新論』（『保田與重郎全集』第三七巻）のなかで「国が新憲法の下に、近代の兵力を放棄したことは、当然の前提及び結果として近代の重工業を所有せぬことである。終戦処理に当っての基本策は、我国より近代を追放する処置に他ならなかったのである。しかし彼らの空想的な理想は、近代を追放しつゝ、近代の繁栄だけを享受しようとした。それは新憲法起草者の善意の感傷と史的な無智に出発した矛盾であった」と批判し、「新憲法の本旨を実現することは、論理的には近代の放棄を意味した。しかも新憲法前文は近代の繁栄の将来を願望した。この思考上の幼い矛盾は、俗な勝利者の犯す滑稽であり、その自壊自滅を約束するものであった」「新憲法はその思想上の矛盾をみづから示したのである」と断じている。そこには戦後の日本への呪詛がある。彼は〈近代の兵力〉の放棄を〈近代の重工業〉の放棄へと徹底し、その彼方に端的な〈近代〉の放棄を考えていた。

六〇年安保闘争は〈近代の兵力〉を復活させることで、戦後の日本が抱える「思想上の矛盾」を解決しようとした、岸内閣の政策に対する反対運動であった。それによって〈近代の兵力〉の復活に歯止めをかけることはできた。しかしそこに含まれた〈近代の超克〉の課題に十分自覚的であったとはいえない。岸内閣が退陣し、池田内閣が高度経済成長に政策の舵をきったとき、国民は〈近代の重工業〉による〈近代の繁栄〉を享受する政策を支持した。そしてその帰結が六〇年代後半に顕在化した、ミナマタに象徴される公害問題であった。その延長線上に地球的規模の環境問題があることはいうまでもない。それは地球的規模で〈近代の重工業〉による〈近代の繁栄〉を問うものとしてある。こうした〈近代の兵力〉を拒否しつつ〈近代の重工業〉による〈近代の繁栄〉を享受する態度は、核エネルギーの「軍事利用」を強く拒否しつつ「平和利用」は受け入れてきた国民の姿勢にも明確に見てとることができる。核兵器に対して強い拒否の感情を示す国民が原子力発電は受け入れてきた。フクシマはその帰結であった。

戦後七〇年の時点で、われわれは〈近代の重工業〉による〈近代の繁栄〉がもたらした帰結をまのあたりにしている。それどころか〈近代の兵力〉を復活させようとする安倍内閣の政策に直面している。それは〈近代の自己否定〉から〈近代国家〉を解放しようとするものであり、主権国家としての自立性を回復しようとするものにほかならない。それは〈近代の自己否定〉を内に含む〈近代国家〉という現代国家のあり方が〈近代〉から〈後近代〉への過渡期に成立する形態であることに無自覚な政策といわざるをえない。そこに戦後の日本が直面する「自壊自滅」の危機がある。それはこの国が憲法第九条に秘められた世界史的課題に無自覚なまま「一国平和主義」の自閉的空間に自足し、〈近代の超克〉の課題に背を向けてきたことの報いである。ヒロシマ・ナガサキからミナマタを経てフクシマに至る戦後七〇年のこの国の歩みには、保田與重郎の呪詛がくっきりと刻み込まれている。憲法第九条の理念を地球的規模でとらえ返し、世界へと解き放っていくことこそ、戦後の日本に残された課題であるといえよう。

保田與重郎は〈近代の自己否定〉を内に含む〈近代国家〉のあり方に〈近代〉の行きづまりと「自壊自滅」の運命を読みとり、「米作りの生活」に根ざした「東洋の道徳」に立ち返ることで、その「自壊自滅」の運命に立ち向かおうとした。それは〈前近代〉の復活によって〈近代の超克〉の課題に呼応しようとするものにほかならない。しかし〈近代の自己否定〉は〈前近代〉の復活ではなく〈後近代〉の誕生を求めている。〈前近代〉の復活では答えにならない。核兵器は〈近代〉の先端に〈近代の自己否定〉として生まれ、廃絶されることによって〈後近代〉への扉を開くべく存在する。

〈後近代〉の世界は「核廃絶」を通じて「核なき世界」として実現されなければならない。そしてその「核廃絶」は「脱原発」によって完結するものにほかならない。それなしには〈近代の兵力〉の放棄にとどまり、〈近代の重工業〉の放棄ではないからである。それでは保田與重郎の呪詛から解放されることはない。憲法第九条は〈後近代〉への道筋を指し示す世界の道標であった。それを世界に向けて発信しなければならない。

核兵器は最初に実用化された現代科学の成果であった。しかし現代科学が生みだしたものは核兵器だけではない。地球的規模で構築されたネットワーク・テクノロジーも、目覚ましい発展をとげた情報科学や生命科学も、まぎれもなく現代科学の所産であった。現代科学は近代科学の発展の帰結として生まれてきたが、近代科学とは明確に異なる自然認識の枠組みをもっており、そこには〈後近代〉に通底するものがある。核兵器が〈近代の自己否定〉となるのはそのためであるといえよう。それは〈近代の兵力〉を無化するものにほかならない。これに対して地球的規模で構築されたネットワーク・テクノロジーは、無限に多様で個性的な人間の活動を、国家をこえた広がりへと解き放つものであり、現代科学の成果はテクノロジーの変容を通じて、現代社会に構造的変容を引き起こしている。それは〈近代の重工業〉に代わる〈後近代〉のテクノロジーと、それを土台とする〈後近代〉の社会の誕生を予告するものといえよう。〈近代の兵力〉の放棄から〈近代の重工業〉の放棄に至る過程は〈後近代〉への道であった。

現代テクロジーは現代科学の成果を近代科学の枠組みで管理する構造をもっている。そこには〈近代〉と〈後近代〉がきびしく鬩ぎ合う構造がある。それは世界史の現段階が〈近代〉から〈後近代〉への過渡期の途上にあることを証するものにほかならない。戦後の日本が抱える「思想上の矛盾」は、この国が直面する矛盾にとどまらず「核戦争」以後の世界が直面する矛盾であり、〈近代〉の「自壊自滅」は〈後近代〉への序章であった。保田與重郎の視野に〈後近代〉は映っていなかった。〈近代〉の行きづまりに対して〈前近代〉への回帰を語ることしかできなかったのはそのためであるといえよう。憲法第九条は〈近代の兵力〉の放棄にとどまらず、〈近代の自己否定〉を内に含む〈近代国家〉のあり方を示すことによって、核なき世界への出口を指し示す道標になっている。戦後七〇年の時点で、その積極的意義を再確認すべきであろう。

元始、女性は太陽であった——女神と女帝

一

一九一一（明治四四）年に平塚らいてうらによって雑誌『青鞜』が「女子の覚醒を促」すことを目的として刊行された。[1] らいてうによって書かれた『青鞜』創刊の辞「元始、女性は太陽であった」[2] は近代日本における女性解放の先駆けとなった。しかしそれは欧米の女性解放思想の翻訳輸入ではなく、らいてう自らの禅体験を踏まえた独自の思想の表出としてあった。そこには近代的自我の限界の自覚に媒介された近代的自我の自覚がある。近代的自我として自己を自覚した個人の立場から女性解放を主張するのではなく、禅体験を踏まえた人間理解の地平から女性解放を考えるものといえよう。禅を通じた思想形成の歩みは明治の知識人に共通して見られる特徴であった。

平塚らいてうは一八八六（明治一九）年に平塚定二郎の三女として生まれた。父の定二郎は会計検査院の官吏であり、天皇制国家の枠組みに忠実なテクノクラートであった。欧化主義の時代に幼少期

を過ごしたらいてうは、小学校から高等女学校へと進学するなかで国粋主義の時代への転換を体験することになった。そこには近代的自我の芽生えがあり、そこに立ちはだかる天皇制国家の枠組みがあった。東京女子高等師範学校付属高等女学校や日本女子大の良妻賢母主義教育と、平塚家の家父長制的秩序は芽生えたばかりの近代的自我の前に立ちはだかる天皇制国家の枠組みを体現するものにほかならない。らいてうの芽生えたばかりの近代的自我は天皇制国家の枠組みに直面して自己否定を余儀なくされた。そのような自己否定の自覚がらいてうを禅へと導いていった。

らいてうが最初に取り組んだ公案は「父母未生以前汝が本来の面目如何」であり、一九〇六（明治三九）年に見性を得た。「父母未生以前」から「父」と「母」が生じ、「父」と「母」を機縁として「子」が生まれる。「子」は「父」からでも「母」からでもなく「父母未生以前」からである。臨済は『臨済録』において「逢仏殺仏、逢祖殺祖、逢羅漢殺羅漢、逢父母殺父母、逢親眷殺親眷、始得解脱（仏に逢うては仏を殺し、祖に逢うては祖を殺し、羅漢に逢うては羅漢を殺し、父母に逢うては父母を殺し、親眷に逢うては親眷を殺して、始めて解脱を得ん）」と述べているが、「父母未生以前」とは「父母に逢うては父母を殺し」て始めて得られる境地にほかならない[3]。そしてそのような「不死不滅の真我」において「男性といい、女性という性的差別は」「ありようもない[4]」。

しかし現実のジェンダー化された社会には、対象的方向に実体化された「父」と「母」の秩序があり、「男性といい、女性という性的差別」があった。塩原事件への世間の反応はらいてうにそのことを知らしめるものであった。「実にこれが私に女性というものを始めて示した。と同時に男性というものを」[5]。それは父母未生以前を疎外する社会にほかならない。禅体験を経由することで、らいてうはジェンダー化された社会を無化する地点に立った。『青鞜』の創刊はそのことを証するものであり、創刊の辞「元始、女性は太陽であった」はそこから投じられた言葉のつぶてとしてある。らいてうの良妻賢母主義教育と家父長制的秩序への反抗心はここに明確な焦点を結ぶこととなった。それは父母未生以前の境地から男性と対等な女性の立場を主張するものにほかならない。

天皇制国家の枠組みは近代的自我の限界の自覚を踏まえ、近代的自我の自覚をその枠内に馴致するものとしてあった。それは日本の近代化のために構築された装置であった。そのような装置を管理するために、近代的自我として自己を自覚した個人を必要としても、そのような個人が天皇制国家の枠組みをこえて自由に行動することは望まなかった。近代化の担い手として必要とされたのは知識人や思想家ではなく、天皇制国家の枠組みに忠実なテクノクラートであった。近代的自我として自己を自覚した明治の知識人にとって、そのような天皇制国家の枠組みとの衝突は、近代的自我の限界の自覚に直面したことを意味していた。それは自己否定の自覚であった。そしてそのような自己否定の自覚が明治の知識人を禅へと導いていった。らいてうもそのひとりであった。

そこには近代的自我の限界の自覚に媒介された近代的自我の自覚がある。天皇制国家の枠組みは近代的自我の限界の自覚を踏まえ、近代的自我として自己を自覚した個人を天皇制国家の枠組みに忠実な国民へと転化し、そのような国民を天皇のもとに秩序づけるものとしてあった。良妻賢母主義教育と家父長制的秩序は女性をそのような天皇制国家の枠内に包摂するための装置であり、国民としての女性には天皇制国家の枠組みを家庭において再生産する役割が期待されていた。禅体験を通じて自己の限界を自覚した近代的自我は、天皇制国家の枠内に自らの居場所を見いだすことができた。禅体験は国家と自己の予定調和的な関係を支えるものとなり、近代的自我として自己を自覚した知識人を天皇制国家の枠組みに忠実なテクノクラートへと善導する役割を果たした。

そこには王法を補完する仏法の姿がある。それは天皇制国家の枠組みと対峙するものではなかった。それが近代の禅であった。近代の禅は近代的自我の限界の自覚を天皇制国家と共有していたからである。らいてうは禅体験を通じて良妻賢母主義教育と家父長制的秩序を批判する地点を確保した。しかし天皇制国家の枠組みを射程に収めることはできなかった。らいてうが求めたものは天皇制国家の枠内で女性の立場と母性の役割を認めさせることにとどまり、良妻賢母主義教育と家父長制的秩序の彼方に、天皇制国家の枠組みをとらえることはなかった。良妻賢母主義教育と家父長制的秩序への反抗心は天皇制国家の枠組みまで届かなかった。そこにらいてうの限界があった。

二

見性を得た禅者として男性と対等な立場を主張することから出発したらいてうであったが、恋愛、結婚、出産を経て母性主義の立場から「母性の保護」を主張するようになった。対象的方向に実体化された「父」と「母」の関係を、父と子の関係に即してとらえるのが家父長制だとすれば、母性主義はそれを母と子の関係に即してとらえ返したものといえよう。実体化された父と子の関係に対して、実体化された母と子の関係を対置するものにほかならない。しかし実体化された「父」に実体化された「母」を対置するだけでは、父母未生以前を疎外するジェンダー化された社会の枠組みを打破することはできない。それは『青鞜』創刊の地点からの後退であるといわざるをえない。

対象的方向に実体化された「父」と「母」の関係を打破することを最終目標として、実体化された「父」に戦略的に実体化した「母」を対置したのだとすれば、らいてうの母性主義は戦略的後退であっても思想的敗北ではない。そこには固定的な「父」と「母」の関係を打破すべきものと見なす視点があるからである。しかし恋愛、結婚、出産を経て母となった実感が、父母未生以前の境地より優位に立ったのだとすれば、戦略的後退とはいえない。それはジェンダー化された社会における固定的な「父」と「母」の関係を前提として、そこにおける母としての固有の役割を強調するものであり、そのことを通じて天皇制国家のなかに女性たちの居場所を確保しようとするものでしかないからである。それは「男性といい、女性という性的差別」への敗北主義でしかない。

奥村博史との結婚生活は奥村家への入籍を拒否する事実婚という形でスタートし、ふたりの子どもは私生児として育てられることになった。らいてうの母性主義はこのような母としての体験を踏まえた主張であった。しかしその優生思想と結びついた母性主義は、国家に「母性の保護」を求めるものであり、優れた子どもを産み育てる母性の役割を強調することで、女性の立場を確立しようとするものとしてあった。さらに長男敦史の入営に際して、彼が軍隊内で私生児であるために不利な扱いを受けないように、奥村家に入籍する道を選択した。長男敦史は奥村敦史として入営した。それは家父長制的秩序への屈服にほかならない。らいてうの母性主義は母と息子の関係を通じて天皇制国家の枠内に回収されてしまった。そこにらいてうの母性主義の両義性があった。

らいてうの母性主義は対象的方向に実体化された「父」と「母」の関係を前提として、その枠内で「母」の役割を主張するものであり、父母未生以前の地平に成立する無限に多様な関係を踏まえたものとはいえない。子を産めない女性、産まない女性、母にならない女性、優れた子を産み育てることのできない女性は、国家のなかに居場所がなく、国民としての資格がないことになる。彼女たちが「母性の保護」の対象にならないことはいうまでもない。それはすべての女性に母としての役割を求めるものであり、とりわけ男の子の母となった女性に家父長制的秩序への屈服を強いるものであった。そしてそのことを通じて天皇制国家への帰順を促すものとしてあった。らいてうの母性主義は母と息子の関係を通じて、良妻賢母主義と家父長制的秩序へと回帰していった。

こうして優生思想と結びついた母性主義は父性血統原理にもとづく天皇制国家の枠組みを内から支えるものとなった。一九三六（昭和一一）年から一九四一（昭和一六）年にかけてくり返された皇室礼讃の発言はその帰結であった。[6]それは天皇制国家の枠内に自足するものとしてある。その後、積極的な皇室礼讃の発言は見られなくなるが、戦後においても天皇制国家への批判的な見解が示されることはなかった。らいてうの母性主義は天皇制国家と自覚的に対峙するものとはいえない。父と子の関係を実体化する家父長制的秩序に母と子の関係を実体化する母性主義を対置するだけでは、既成の「父」と「母」の図式を撃つことはできない。らいてうの母性主義は父母未生以前の地平に成立する無限に多様な関係を「父」と「母」の図式に封じ込めるものでしかない。

らいてうが生きた時代から千二百年前に、優生思想と結びついた母性主義によって天皇制国家の成立と形成に大きく貢献した女性たちがいた。飛鳥時代から奈良時代にかけて在位した、推古、皇極（重祚して斉明）、持統、元明、元正、孝謙（重祚して称徳）の六人、八代の女帝の存在は、この国の歴史のなかで際立っている。それはまぎれもなく女帝の時代としてあった。天皇制国家の原型は彼女たちによってつくられた。彼女たちの天皇としての事績はそれとして評価すべきであるが、そこに優生思想と結びついた母性主義が父性血統原理を担保する構造があることも忘れてはならない。とりわけ持統―元明―元正と継承された女帝の系譜は、天武―草壁―文武―聖武と続く父性血統原理にもとづく皇位の継承を担保する「中継ぎ」としての性格を明確にもっている。

そこでは天武と持統の皇統につながる男子による皇位継承のために、皇族の女性たちによる皇位のリレーが行われている。天武の妻、草壁の母、文武の祖母である持統、草壁の妻、文武の母、聖武の祖母である元明、草壁の娘、文武の姉、聖武の伯母である元正の即位は、男子による皇位継承を確保するための「中継ぎ」であった。皇統を継ぎ皇位に即くのは、皇女を母として生まれた男子でなければならず、母の血統の高貴さこそが即位の条件であった。そこには優生思想と結びついた母性主義が父性血統原理を担保する構造がある。そしてそのような母性主義が女帝の輩出をもたらし、彼女たちによって父性血統原理にもとづく天皇制国家の枠組みが形づくられていった。

三

天皇制国家は神話に基礎づけられた王権の形式のもとに儒教にもとづく中国的な律令国家を実現するものであった。そこには高天原の最高神である太陽女神アマテラスの子孫が父性血統原理にもとづいて皇位を継承していく構造がある。それは天上における「母なるもの」の支配が地上における「父なるもの」の支配を担保する構造であり、そのような「父なるもの」の支配を通じて律令国家を実現するものであった。天上における「母なるもの」の支配と地上における「父なるもの」の支配をつなぐのが「天孫降臨」の神話にほかならない。地上の王となるのは女神アマテラスの子孫だけであった。そこに優生思想と結びついた母性主義が父性血統原理を担保する構造の原型がある。

らいてうが「元始、女性は太陽であった」という言葉を発したとき、このような太陽女神アマテラスを意識しなかったはずはないであろう。毎朝「教育勅語」とともに「天壌無窮の神勅」を大声で奉読する父のもとで育ったらいてうが、女神アマテラスを知らなかったはずはないからである。[7]「天照大神の生き通しの神」である天皇に帰一することを説くらいてうの言葉には、天皇制神話の刻印を明確に見てとることができる。[8]近代天皇制はすべての国民を包摂する形で古代天皇制を同心円的に拡大したものにほかならない。らいてうの優生思想と結びついた母性主義は、女神アマテラスを媒介として父性血統原理にもとづく天皇制国家の枠組みに回帰する軌跡をたどった。「元始、女性は太陽であった」から出発した彼女の思想は天皇制神話をこえることはなかった。

このような優生思想と結びついた母性主義の呪縛から自らを解き放そうと苦闘した天皇がいた。「崇仏天皇」として「仏教王国」の実現を夢見て挫折した聖武天皇と孝謙天皇の父娘である。[9]「自らの血統についての問題、換言すれば母が皇族でないという問題は、聖武にとってコンプレックスであり、この「卑母コンプレックス」は聖武の心に重苦しくのしかかっていた。[10]優生思想と結びついた母性主義の呪縛から自らを解き放すことができなければ「卑母コンプレックス」から逃れることはできない。聖武天皇は仏教に帰依して自ら「三宝の奴と仕え奉る天皇」と称し、大仏建立、国分寺、国分尼寺の造営など仏教王国の建設を進めた。退位後は出家して「太上天皇沙弥勝満」と称した。聖武は仏教に帰依することで天皇制神話の呪縛から解放されることを望んだ。

聖武の娘である孝謙天皇は、父と同様に母が皇族でないという問題に加えて、史上唯一の女性皇太子を経て即位した天皇であるという問題を抱えていた。誰かの妻であったこともなく、母でもなく祖母でもない、皇位を伝える男子をもたない未婚の天皇であり、これまでの「中継ぎ」の女帝たちとは明らかに異なる天皇であった。彼女は「崇仏天皇」による「仏教王国」の実現という理想を父から受け継いだ。しかし優生思想と結びついた母性主義が父性血統原理を担保する天皇制神話の構造を前提とするかぎり、彼女の天皇としての正統性は不安定なままである。「崇仏天皇」による「仏教王国」の実現という理想は、彼女の天皇としての正統性を確保する唯一の手段であった。彼女は仏教に帰依することで天皇制神話の呪縛を打破し、男性と対等な立場に立とうとした。

鑑真から菩薩戒を受けた孝謙天皇は譲位して太上天皇となった後に出家し尼となった。それは「現実の女性の身であることによる偏見を覆すためには、僧形という性差を超えた剃髪・僧衣による変身が必要であると考えた」からであり、「変成男子」説によって「女性としての限界を払拭した存在となる」ことで「男性と同等な役割を現実に果たしていくことを示」すものとしてあった。[11]こうして尼太上天皇となった孝謙は出家した尼のまま重祚して称徳天皇となり、道鏡を重用して「崇仏天皇」による「仏教王国」という父聖武から受け継いだ理想の実現に邁進していくことになった。道鏡は大臣禅師、太政大臣禅師、法王となり、ついに道鏡を皇位に即けようとするに至った。それは父性血統原理にもとづく天皇制神話の構造を打破しようとするものにほかならない。

そこに仏教という普遍的な原理の地平から「男性といい、女性という性的差別」をこえて男性と対等な立場に立とうとする意志を見てとることができる。そこには見性を得た禅者として父母未生以前の地平から「男性といい、女性という性的差別」をこえて男性と対等な立場に立とうとしたらいてうの思いに通じるものがあるといえよう。しからいてうの優生思想と結びついた母性主義が、女神アマテラスを媒介として父性血統原理にもとづく天皇制神話の枠内に回帰する軌跡をたどるしかなかったように、道鏡を皇位に即けることによって、優生思想と結びついた母性主義が父性血統原理を担保する構造を打破しようとした称徳尼天皇の目論見も、女神アマテラスを頂点とする天皇制神話によって阻止される結果となった。それは仏教カトリシズムの流産であった。

称徳天皇の死は「崇仏天皇」による「仏教王国」の実現という理想に終止符を打った。こうして天皇制神話の枠内で王法を補完する仏法だけが残った。藤原京と平城京を彩った女帝たちは、優生思想と結びついた母性主義が父性血統原理を担保する構造をつくりだすことで「母系社会の崩壊と家父長制の出現にともなって、男子の専制と婦人の隷属がはじまり、次第に婦人の人間性が失われていった」「女性の歴史の客観的な事実」[12]を確定する役割を演じた。称徳天皇の挫折はそれを決定づけるものにほかならない。これ以降、江戸時代の明正天皇と後桜町天皇という例外を除いて、現在に至るまで女性が皇位に即いたことはない。仏教で天皇制神話を撃つことはできない。

四

天皇制国家の枠組みは太陽女神アマテラスを皇祖神とする天皇制神話の枠内に、儒教にもとづく律令国家を創出しようとするものであった。そこには天上における「母なるもの」の支配が地上における「父なるもの」の支配を保証する構造があり、優生思想と結びついた母性主義が父性血統原理を担保する構造がある。仏教の役割は無視できないが、それは天皇制神話の枠内で王法を補完する仏法にとどまっていた。仏教は女性を女性のままで解放するものではなかった。元始の女性を太陽にたとえるらいてうの思想でこのような天皇制神話の枠組みをこえることはできない。禅体験を踏まえて男性と対等の立場に立とうとしたことも称徳天皇の挫折をくり返すことでしかなかった。

優生思想と結びついた母性主義も持統、元明、元正という歴代の女帝たちと同様に、父性血統原理を補完する役割を果たすことで終わった。それは天皇制国家の枠内で「母性の保護」を要求するものであり、長男敦史に天皇制国家における正統な位置づけを与えようとするものであった。それは良妻賢母主義と家父長制的秩序への回帰であった。そこに天皇制神話と対峙する姿勢は見られない。天皇制はジェンダー化された社会の構造を象徴するものであり、女神アマテラスはそれを支える究極の根拠にほかならない。天皇制神話の解体なくして真の女性解放はない。らいてうの思想は天皇制国家の原型がつくられた時代の女帝たちの軌跡をその枠内で追体験するものになっている。「天照大神の生き通しの神」である天皇への帰一を説く発言はその帰結にほかならない。

戦後のらいてうは反戦・平和運動の先頭に立ち続けたが、母性主義と平和主義の立場にとどまり、天皇制について積極的な発言をすることはなかった。そこに天皇制神話と自覚的に対峙する姿勢を見てとることはできない。しかしそれでは天皇制国家の枠内で自閉的な回帰運動をくり返すことにしかならない。この国の歴史における女性の敗北が女性たちによって方向づけられたという事実こそ、天皇制国家の原型がつくられた時代に秘められた真実であった。太陽女神アマテラスを皇祖神とする天皇制神話のもとで、優生思想と結びついた母性主義が父性血統原理を担保する構造が出現した。持統、元明、元正という歴代の女帝たちがそれをつくりだし、称徳天皇の挫折を経て完成された。それはこの国の歴史における女性の敗北の起点を画するものにほかならない。

釈迦が菩提樹の下で悟りを得たとき、そこに「男性といい、女性という性的差別は」「ありようもない」ことであった。その意味でらいてうの直観は間違いではない。しかし仏教は大衆化していくことで、ジェンダー化された社会に適合する教えへと変わっていった。さらに中国に伝来した仏教は儒教との接触を通じて中国化した国家仏教になった。それは仏教の儒教化であり、この国に伝来した仏教は儒教化した国家仏教であった。それは王法を補完する仏法にほかならない。禅はこのような仏教の儒教化を撃つものとして登場した。しかし禅の悟りは直観的表出の回路を通じて表現されるにとどまり、それ自体の論理的表出の回路をもっていなかった。それゆえに行為的直観によって得られた悟りを、神秘的直観によって得られたものと誤認する危険性を含んでいた。

行為的直観によって得られる悟りは場所的方向に成立するものにほかならない。それが禅の悟りであった。しかしこの行為的直観によって得られた悟りは、神秘的直観によって得られたものと混同されることで、禅体験を対象的方向に実体化する誤謬と倒錯のなかに封印される。それは禅体験の実体化であり神秘化である。それ自体の自覚的な論理的表出の回路をもたず、直観的表出の回路による表現に自足する禅は、行為的直観と神秘的直観を区別する手段をもつことができず、それゆえ神秘主義に陥る危険性を孕んでいた。それは既成の論理に対する敗北主義である。禅もまた王法を補完する仏法への道をたどった。近代の禅もその限界をこえるものではなかった。らいてうの「元始、女性は太陽であった」にもそのような神秘主義を見てとることができるであろう。

らいてうの「元始、女性は太陽であった」には「神秘」や「天才」という言葉がくり返し登場する。この「神秘」について彼女は「私どもの主観のどん底において、人間の深き瞑想の奥においてのみ見られる現実そのままの神秘」であると説明している。「神秘に通ずる唯一の門を精神集注という」「私は精神集注のただ中に天才を求めようと思う」「天才とは神秘そのものである。真正の人である」。精神集注によって「潜める天才を発現する」ことは「雑多界」の制約を打破し「統一界」へと向かう精神の運動を意味していた。「かつて統一界に住みしもの、この時雑多界にあって途切れ、途切れの息を胸でするもの、不純なるもの、女性と呼ぶもの」「私どもは隠されてしまった我が太陽を今や取戻さねばならぬ」。「潜める天才」とは一切衆生に宿る仏性にほかならない(13)。

そこには対象的方向に超越的な「統一界」と場所的方向に内在的な「雑多界」を対立的にとらえる世界認識の枠組みがある。それは対象論理的思惟に包摂された思惟の様式にほかならない。らいてうの禅体験が行為的直観によって得られたものであることはいうまでもない。しかしそれを対象論理的思惟の枠内で理解しようとすると、神秘的直観によって得られたものと区別する術がない。それは禅体験を対象的方向に実体化するものであり、場所的方向に成立する無限に多様な関係を疎外するものにほかならない。らいてうの神秘主義は対象論理的思惟の陥穽に足をとられ、行為的直観によって得られた悟りを神秘的直観によるものと誤認したことの帰結と考えるべきであろう。

五

近代的自我の限界の自覚に媒介された近代的自我の自覚に論理的表出の回路を与えることで、対象論理的思惟の究極の限界を打破し、場所的論理的思惟の地平への道を切り開いたのは西田幾多郎であった。西田は世界と自己がそこに成立する究極の根底を「絶対無の場所」ととらえ、それを「絶対無」の自覚的限定面と考えた。絶対に無なるとともに絶対に有なるものであり、絶対矛盾的自己同一なる絶対無は「絶対無の自覚」において自己自身を自覚し、そこに「絶対無の場所」として自己自身を限定する。絶対無の場所はその逆対応的はたらきによって「叡智的世界」と「相対的無の場所」を逆限定し、叡智的世界と相対的無の場所を機縁として「歴史的世界」を逆限定する。

場所が自己自身を限定することが、場所に個物が逆限定されることであり、それは個物が場所において自己自身を限定することであり、個物と個物が場所において相互限定することである。そこに場所と個物の逆対応的関係がある。歴史的世界は「場所の自己限定」に逆対応した「個と個の相互限定」の世界である。「全体的一と個物的多との矛盾的自己同一」は、そのような歴史的世界の構造を定式化したものにほかならない。そのような歴史的世界の構造のなかで、全体的一としての叡智的世界は相対的無の場所において自己否定的に個物的多となる。相対的無の場所は個物的多の成立する母胎であった。叡智的世界と歴史的世界と相対的無の場所の関係は絶対無の場所に包まれたものであり、その逆対応的はたらきにつらぬかれていることを忘れてはならない。

歴史的世界は絶対無の場所に成立する世界であり、それゆえ叡智的世界も相対的無の場所も歴史的世界にとって究極のものではない。世界は全体的一からでも個物的多からでもなく、矛盾的自己同一からである。個物的多は全体的一の自己否定的多であり、全体的一は個物的多の自己否定的一である。それは絶対無の場所に成立する関係にほかならない。父母未生以前から父と母が生じ、父と母を機縁として子が生まれる。子は父からでも母からでもなく、父母未生以前からである。父母未生以前の自覚は矛盾的自己同一の自覚であった。そのような全体的一と個物的多との矛盾的自己同一の関係は、対象論理的思惟に包摂された世界認識の枠組みのなかでは、対象的方向に実体化された全体的一と個物的多の関係としてとらえられる。そこに矛盾的自己同一の自覚はない。

全体的一としての叡智的世界を対象的方向に考えたものがプラトンの「イデア界」である。それは対象的方向に超越的な世界であり、それ自体で成り立つ世界であった。個物的多から構成される歴史的世界は「生成界」に当たり、それは場所的方向に内在的な世界であった。そこには対象的方向に超越的な「イデア界」と場所的方向に内在的な「生成界」を対立的にとらえる世界認識の枠組みがある。イデア界に君臨する「善のイデア」は太陽にたとえられていた。そこには「統一界」と「雑多界」の関係に通じるものがある。生成界は自らの雑多で多様なあり方を克服し統一されたイデア界の秩序を実現しなければならない。そこには「雑多界」の制約を打破し「統一界」へと向かう精神の運動がある。それは「隠れたる我が太陽を取り戻す」ことにほかならない[14]。

らいてうの思想はプラトン哲学とよく似た構造をもっている。それはプラトンが男性原理に即してとらえたイデア界を女性原理に即してとらえ直したものにほかならない。イデア界の女性に男性と対等な地位を与えようとするものといえよう。しかしそれは対象的方向に実体化された「男」と「女」の関係を前提として、その枠内で女性に男性と対等な地位を与えようとするものでしかなく、それを場所的方向に成立する無限に多様な関係へと解き放すものとはいえない。男性にたとえられた太陽のもとに秩序づけられた統一界に対して、女性にたとえられた太陽のもとに秩序づけられたもうひとつの統一界を対置するものでしかない。それはプラトン哲学の陽画（ポジ）に対する陰画（ネガ）である。らいてうの思想はプラトン哲学とその究極の限界を共有するものといわざるをえない。

それは対象論理的思惟の究極の限界を示すものといえよう。らいてうは対象論理的思惟に包摂された世界からの脱出を試みて、その究極の限界に直面した。そこでらいてうが得た悟りは矛盾的自己同一の自覚であった。しかしその悟りを対象論理的思惟の枠内で理解することしかできなかったために、行為的直観と神秘的直観を区別することができず、対象論理的思惟に包摂された世界のなかで彷徨を続けるしかなかった。らいてうは対象論理的思惟の究極の限界に直面しつつ、ついにその限界をこえることはできなかった。場所的方向に成立する無限に多様な関係を、対象的方向に実体化された「父」と「母」の関係を前提として、その枠内で語ることしかできなかったのはそのためにほかならない。対象論理的思惟から場所的論理的思惟への転回がなければならない[15]。

ジェンダー化された社会は対象論理的思惟に包摂された世界に成立する社会である。したがって対象論理的思惟に包摂された世界に内在するかぎり真の女性解放はない。対象論理的思惟を内から突き破り場所的論理的思惟の地平に突き抜けなければならない。それは場所的方向に成立する無限に多様な関係をあるがままに認め、そこから出発することにほかならない。そこには対象的方向に実体化された自己から場所的方向に逆限定された自己への転回がある。それは絶対無の場所に逆限定された個物的多としての自己の自覚を踏まえ、そのような自己と自己の関係を無限に多様な関係へと解き放すことである。「男性といい、女性という性的差別」はもはや維持すべくもない。

六

らいてうの良妻賢母主義教育と家父長制的秩序への反抗心は、対象論理的思惟に包摂された世界への違和感によるものであり、そこからの脱出を試みたものであった。そこには対象論理的思惟の限界の自覚があった。しかしその後のらいてうの思想形成の歩みは、対象論理的思惟の究極の限界に直面しつつ、対象論理的思惟に包摂された世界のなかで挫折と屈折をくり返すものでしかなかった。彼女の禅が野狐禅だったわけではもちろんない。真の女性解放のために努力を惜しまなかったことも確かである。にもかかわらず、らいてうの禅は神秘主義となり、女性解放への思いは優生思想と結びついた母性主義になった。そしてその母性主義が父性血統原理を拒否することはなかった。

元始の女性を太陽にたとえることで、男性原理が支配する統一界を女性原理に即してとらえ直そうとする試みも、太陽女神アマテラスの支配する統一界が雑多界の支配を父性血統原理に委ねる天皇制神話の構造によって阻止された。そこには優生思想と結びついた母性主義が父性血統原理を担保する構造がある。そしてそのような天皇制国家の原型は古代日本の女帝たちによってつくられたものであった。らいてうの行く手を阻んだものは女神と女帝であった。それは天皇制国家の最後の防壁にほかならない。称徳天皇の崇仏天皇による仏教王国の実現という理想を打ち砕いたのもこの防壁であった。しかし対象論理的思惟に包摂された世界に内在するかぎり、この天皇制国家の最後の防壁を除去する術はない。そしてその防壁を除去することなしに真の女性解放はない。

らいてうは日露戦争における内村鑑三や幸徳秋水の非戦論にも大逆事件にもほとんど関心を示していない。日露戦争の開戦はらいてうが日本女子大に入学した翌年のことであり、『青鞜』の創刊は大逆事件の死刑執行が行われた年であったが、いずれの事件にも彼女が強い関心をいだいた様子は見受けられない[16]。初期社会主義の動向とも主体的なかかわりをもつことはなかった。天皇制神話と天皇制国家の構造と自覚的に対峙した形跡も見られない。無政府主義や協同組合主義への傾斜を示したこともあり、それが父母未生以前の地平に成立する無限に多様な関係を志向したものだったとしても、そこには場所的方向に成立する関係を対象的方向に成立するものと見なす誤謬と倒錯が含まれていた。それでは対象論理的思惟に包摂された世界から脱出することはできない。

らいてうが『青鞜』を創刊した一九一一（明治四四）年は、西田幾多郎が『善の研究』を刊行した年でもあった。天皇制国家の枠組みと衝突した経験をもち、禅体験を起点とする思想形成の過程をたどったことなど、このふたりには近代日本の思想家として共通する軌跡が認められる。対象論理的思惟に包摂された世界に違和感を覚え、そこからの脱出を試みた点も共通している。見性を得たのもほぼ同じ時期である[17]。しかし見性を得たときのふたりの反応は対照的であった。西田が日記に「無字を許さる。余甚悦ばず」と記しているのに対して、らいてうの自伝からは見性を得たことによる高揚と歓喜がストレートに伝わってくる[18]。西田の反応からは近代の禅が対象論理的思惟の枠内に自足するものでしかないことへの疑念が読みとれるが、らいてうにはそれがない。

西田とらいてうが直面したのは天皇制神話と天皇制国家の枠組みであり、対象論理的思惟に包摂された世界の究極の限界であった。そこには〈近代の超克〉の課題があった。ふたりはいずれも近代的自我の限界の自覚を踏まえ、近代的自我の限界の自覚に媒介された近代的自我の自覚を徹底していくことを通じて〈近代の超克〉の課題を担おうとした。しかし〈近代の超克〉の課題を対象論理的思惟の枠内で追及すると、ロマン主義に陥る危険性がある。ロマン主義は近代思想史の主流となったデカルト主義に対抗すべく登場した思想的潮流であるが、デカルト主義に対するアンチ・テーゼにとどまり、ジン・テーゼになることはできなかった。ロマン主義はそれ自体の自覚的論理をもつことができず、行為的直観と神秘的直観を分離することができなかったからである。

近代の禅はそれ自体の自覚的論理をもつことができず、近代的自我の限界の自覚に媒介された近代的自我の自覚に論理的表出の回路を与えることができなかった。それは直観的表出の回路による芸術的・文学的表現を与えるものでしかなかった。そこに近代の禅の限界がある。らいてうの禅体験を起点とする思想形成の過程はその限界をこえることができずに終わった。対象論理的思惟に包摂された世界に自足する地点をこえることができず、天皇制神話と天皇制国家の枠組みに屈服するしかなかったのはそのためであった。これに対して西田幾多郎は対象論理的思惟の究極の限界を打破し、場所的論理的思惟への転回を成しとげた。西田哲学の「場所の論理」は行為的直観と神秘的直観を分離する論理にほかならない。西田哲学の論理は〈近代の超克〉の論理であった。

らいてうの思想形成の起点に禅体験があり、父母未生以前の地平に成立する無限に多様な関係への期待と共感から出発したことは否定すべくもない。しかしその思いは対象論理的思惟に包摂された世界のなかで挫折と屈折を余儀なくされた。行為的直観にまとわりつく神秘的直観を分離することができなかったからである。らいてうの思想にまとわりつく神秘的直観を洗い流し、新しい社会への道を自覚的に切り開かねばならない。それは場所的方向に成立する無限に多様な関係をあるがままに認め、それを地球的規模で自覚的に組織していくことにほかならない。[19]そしてそれはジェンダー化された社会を解体し、らいてうが願った真の女性解放を実現するものとなるであろう。

（1）らいてうが筆をとった青鞜社の規約案第一条は「本社は女子の覚醒を促し、各自天賦の特性を発揮せしめ、他日女流の天才を生まんことを目的とす」となっていたが、生田長江によって「女子の覚醒を促し」という箇所が「女流文学の発達を計り」と変えられた。小林登美枝『平塚らいてう』（清水書院、一九八三年）八八―八九頁参照。

（2）『平塚らいてう著作集』第一巻（大月書店、一九八三年）一四―一七頁参照。

（3）『臨済録』（朝比奈宗源訳注、岩波文庫、一九六六年）八八頁参照。

（4）『平塚らいてう著作集』第一巻、一六頁参照。

（5）同右。

（6）『平塚らいてう著作集』第六巻（大月書店、一九八四年）一一三―一一四頁、三三〇頁、三四一―三四三頁、米田佐代子「解説」四一七―四二六頁参照。また、この時期に『輝ク』誌上でくり返された「聖戦」を讃える発言については、尾形明子『『輝ク』の時代』（ドメス出版、一九九三年）、大森かおる『平塚らいてうの光と蔭』（第一書林、一九九七年）、他参照。

（7）『平塚らいてう著作集』第六巻、三四二頁参照。

（8）同右書、三三〇頁、三四二頁、他参照。

(9) 勝浦令子『日本古代の僧尼と社会』(吉川弘文館、二〇〇〇年)二一九―二八八頁、勝浦令子『孝謙・称徳天皇』(ミネルヴァ書房、二〇一四年)、他参照。
(10) 坂上康俊『平城京の時代』(岩波書店、二〇一一年)一三七―一三九頁参照。
(11) 前掲『孝謙・称徳天皇』一七一―一七四頁参照。
(12) 平塚らいてう自伝『元始、女性は太陽であった』①(大月書店、文庫版、一九九二年)三六二―三六三頁参照。以下『自伝』と略記。
(13) 『平塚らいてう著作集』第一巻、一五―二〇頁参照。
(14) 同右書、一七―一八頁参照。
(15) 大橋良介はこの転回を「場所論的転回」と呼ぶ。大橋良介『西田哲学の世界』(筑摩書房、一九九五年)参照。
(16) 『自伝』①一八九頁、三〇八頁、他参照。
(17) 西田幾多郎が見性を得たのは一九〇三(明治三六)年のことであり、らいてうは一九〇六(明治三九)年であった。
(18) 『西田幾多郎全集』第十七巻(岩波書店、旧版、一九五一年)一一九頁、『自伝』①二一〇―二一二頁参照。
(19) 拙稿「地球社会学の構想――地球共和国への道」季報『唯物論研究』(季報『唯物論研究』刊行会)第一二九号(二〇一四年一一月)九六―一〇八頁〔本書、一二二―一四二頁〕参照。

戦後社会への呪詛——清水幾太郎と保田與重郎

一

安保改定から憲法改正を経て再軍備、さらに核武装へというシナリオは、かつて安倍首相の祖父である岸元首相が望んだことであり、安倍首相のいう「戦後レジームからの脱却」はそれを継承するものにほかならない。そこには安保法制から憲法改正を経て国防軍の創設、さらに核武装へというシナリオがある。それは敗戦によって奪われた主権国家としての資格を回復しようとするものとしてある。岸元首相は日米安全保障条約を片務的条約から双務的条約へと改定し、アメリカの世界戦略のなかでより主体的な役割を果たすことで、主権国家としての資格の回復に向けた第一歩を踏みだそうとした。しかしこの国の人びとは六〇年安保闘争を通じて、岸元首相のシナリオが第二段階に進むことを阻止した。安倍首相は集団的自衛権の行使を容認する安全保障関連法を制定し、アメリカの世界戦略のなかでより積極的な役割を果たすことで、この岸元首相のシナリオを継承しようとしている。第九条の抹殺を究極の目標とする日本国憲法の改正は、そのシナリオを第二段階に進めるものにほかならない。

そこには主権国家としての資格を奪われた状態に自足する戦後社会への強い呪詛の念が感じられる。戦後三十五年（一九八〇年）の時点で、そのような戦後社会への呪詛を語り、主権国家としての資格の回復を訴える二冊の著書が刊行された。清水幾太郎による『戦後を疑う』（講談社、一九八〇年）と『日本よ 国家たれ――核の選択』（文藝春秋、一九八〇年）である。[1] 戦後十五年（一九六〇年）の時点で挫折した岸信介の野望は、潰えることなく戦後社会の深層に生き続け、戦後七〇年（二〇一五年）の時点で孫の安倍晋三によって甦ることとなった。この深層に生き続けた戦後社会への呪詛の念の所在を教えるものこそ、戦後三十五年（一九八〇年）の時点で刊行された前掲の二書にほかならない。そこには岸信介から安倍晋三へと受け継がれた、主権国家としての資格の回復に向けたシナリオが明示的に語られている。それぞれの時代ごとに、この国を取り巻く国際情勢は変化しているが、そのような国際情勢の変化に呼応しながら、そこに一貫した意志の継続する姿を見てとることができる。

岸信介は冷戦構造が形づくられていく時期に、アメリカの対ソ封じ込め政策の一翼を担うことで、主権国家としての資格の回復に向けた第一歩を踏みだそうと考えた。清水幾太郎が前掲の二書を刊行したのは、ソ連のアフガニスタン侵攻を契機にデタントが崩壊し「新冷戦の時代」を迎えた時期であった。[2] 彼はアメリカがベトナムなどで傷ついている間に、ソ連の急激な軍備拡張が進み、軍事バランスがソ連に有利に傾いている状況のなかで、軍事力の回復と増強を図り、軍事バランスの回復に寄与することで、主権国家としての資格の回復に向けた第一歩を踏みだすべきであると主張した。これに対して安倍晋三は、軍事力がかつての役割を回復したかに見える冷戦後の世界において、アメリカの力の低下と中国の着実な軍備拡張によって、軍事バランスが中国に有利に傾きつつある状況のなかで、軍事力の自由な行使を可能にすることで、軍事バランスの回復を図り、さらに国際的な秩序維持に積極的な貢献をしていくことで、主権国家としての資格の回復に向けた第一歩を踏みだそうとしている。

そこには日米同盟の枠内でより積極的な軍事的役割を果たすことで、主権国家としての資格の回復をなしとげようとする意図がある。しかしそのシナリオの行く手には日本国憲法第九条という究極の障壁が横たわっている。清水幾太郎は日本国憲法の第九条を「戦後思想の基本文書」と呼び[3]、そのような基本文書のもとに置かれた「戦後」は「一つの異常な時期であり、徹底的に疑ってかからねばならぬ対象である」と述べている[4]。国家の本質は軍事力であり、軍事力の保有を禁じられた国家など、古典的な主権国家のあり方から見れば、あってはならない奇妙な存在であった。そしてそのような奇妙な国家のあり方を強要する「戦後思想の基本文書」は、想像を絶する奇怪な文書であった。国家の本質を奪われた国家は「半分ばかり国家」であり、一人前の「国家」とはいえない[5]。そのような基本文書のもとに置かれた「戦後」は、まぎれもなく「異常な時期」であり、主権国家としての資格の回復に向けたシナリオは、国家の本質を取りもどし「異常な時期」に終止符を打つものとしてあった。

二

日本国憲法の第九条は「戦力の不保持」と「交戦権の否認」という原則によって「戦争の放棄」を定め「国権の発動たる戦争」を禁止している。それは国家の最高法規が自ら主権の発動にきびしい制約を課すものであり、国家が自らの内に自己否定の契機を含んでいることを示すものにほかならない。それはもはや主権国家ではなく、半主権国家と呼ぶべきものといえよう。戦後の日本は半主権国家としての本質を公然と掲げ続けた特異な国家としてあった。清水幾太郎は「軍事力が、国家というものの本質である。少くとも、本質の決定的要素である」と述べ[6]、「第九条は、日本から国家の本質を奪ったものである。少くとも、その大部分を奪ったものである。先ず、アメリカ側が用意した憲法改正草案において、日本は、国家たる要件を決定的に奪われ、次いで、日本国憲法第九条において、日本自身、日本がもはや国家でないことを明確に内外に宣言したのである。その第九条が、やがて、戦後思想の基本文書になった。戦後思想は、日本が国家でないという告白から始まった」と断じている[7]。

「国家」でなくなった日本は「社会」になった。戦後の日本は「社会」であることに自足し、目覚ましい発展をとげてきた。しかし「アメリカの軍事力が相対的に低下しつつある現在」「日本が進んで『国家』たろうとしないならば、日本の『社会』も危なくなるであろう。日本は、社会であるためにも、国家でなければならぬ。国家でもなく、社会でもなければ、否応なしに、日本は滅亡する」。自らの軍事力によって「社会」の安全を守ることのできる「国家」とならねばならない。[8] そのためには第九条の制約から解放され、軍事力に担保された主権国家の自立性を回復することが不可欠である。核兵器の存在に限界づけられた戦後の国際社会において、軍事力がその役割を完遂しようとすれば「核の選択」を避けて通ることはできないであろう。彼は「核兵器が重要であり、また、私たちが最初の被爆国としての特権を有するのであれば、日本こそ真先に核兵器を製造し所有する特権を有しているのではないか。むしろ、それが常識というものではないか」と、核武装の必要性を明言している。[9]

戦後三十五年（一九八〇年）の時点で、清水幾太郎は「新しい戦後」に足を踏み入れている、という歴史認識を示している。彼は「ソ連の軍備拡張は止まるところを知らず、バランスはアメリカに不利な方向へ傾き始めている。そこから、新しい戦後が始まっている。新しい戦後においては、日本の安全も、世界の平和も、まったく新しい目で見なければならぬ」と述べ、[10]「日本は軍事力を本質とする一人前の『国家』にならねばならぬ」と強調している。[11] そこには「『古い戦後』が終り、『新しい戦後』が始まる転換点に立っている」という認識がある。[12] 半主権国家という「異常な国」から主権国家という「普通の国」への転換がなされねばならない。「新しい戦後」の始まりは端的な「戦後」の終焉に通じていた。このような清水幾太郎が思い描いたシナリオは、中国の軍備拡張は止まるところを知らず、バランスはアメリカに不利な方向へ傾き始めている今日の状況のなかで、安倍政権によって忠実に再現されようとしている。それは〈戦後の終焉〉を究極の目標とするものにほかならない。

そのことは安倍政権が安全保障関連法の成立に照準を合わせるように、川内原発の再稼働を強行し、それに先立つ広島平和記念式典で「非核三原則」の廃止に道筋をつけようしたことからも容易に解読できるであろう。[13] 原子力技術は将来の核オプションを確保するために不可欠であり、原子力技術の放棄は核オプションの放棄にほかならないからである。「非核三原則」の廃止に道筋をつけることはできなかったが、そこには安保法制から憲法改正を経て国防軍の創設、さらに核武装へというシナリオに対する強い執着が感じられる。[14] 半主権国家とは近代国家としての主権国家が、自らの内に自己否定の契機を含むことを意味するものであり、それゆえ〈近代の自己否定〉を内に含む〈近代国家〉ということができる。「戦後」は〈近代の自己否定〉を内に含む〈近代〉としてある。彼らにとって〈近代国家〉だけが「普通の国」であり、〈近代の自己否定〉を内に含む〈近代国家〉は「異常な国」であった。〈戦後の終焉〉は〈近代の自己否定〉を除去する〈近代の復興〉でなければならなかった。

三

この国の「戦後」は〈近代の自己否定〉を内に含む〈近代〉としてあった。戦後社会が直面する

「思想上の矛盾」はそこにこそあるといわねばならない。保田與重郎は死後に発見された遺稿『述史新論』のなかで、日本国憲法の第九条に言及し、この「思想上の矛盾」について論じている。[15]彼はそこで「国が新憲法の下に、近代の兵力を放棄したことは、当然の前提及び結果として近代の重工業を所有せぬことである。終戦処理に当っての基本策は、我国より近代を追放する処置に他ならなかったのである。しかし彼らの空想的な理想は、近代を追放しつゝ、近代の繁栄だけを享受しようとした。それは新憲法起草者の善意の感傷と史的な無智に出発した矛盾であった」と批判し、[16]「新憲法の本旨を実現することは、論理的には近代の放棄を意味した。しかも新憲法前文は近代の繁栄の将来を願望した。この思考上の幼い矛盾は、俗な勝利者の犯す滑稽であり、その自壊自滅を約束するものであった」「新憲法はその思想上の矛盾をみづから示したのである」と断じている。[17]

そこにはこの国の戦後社会への強い呪詛の念が感じられる。この国の「戦後」にはそこに含まれた「思想上の矛盾」のゆえに「自壊自滅」の運命が待ち受けていた。しかし「自壊自滅」の運命が待ち受けているのは「戦後」だけではなかった。彼は〈近代の兵力〉の放棄を〈近代の重工業〉の放棄へと徹底し、その彼方に〈近代の繁栄〉の放棄を考えていた。そしてそれは端的な〈近代〉の終焉に通じていた。〈戦後の終焉〉は即ち〈近代の終焉〉であった。[18]この国が「自壊自滅」の運命を回避する道は〈近代の放棄〉しかない。それが保田與重郎の到達した結論であった。清水幾太郎は「『国家』でなくなった日本は『社会』になった」と述べていた。そこには〈近代の兵力〉の所有をその本質とする「国家」と〈近代の重工業〉による〈近代の繁栄〉を享受する「社会」との矛盾があった。そしてそれが「戦後思想の基本文書」に含まれた「思想上の矛盾」によるものであることはいうまでもない。彼は〈近代の兵力〉の回復と増強を図り〈近代の重工業〉による〈近代の繁栄〉を守ろうとした[19]。

このように見てくると、彼らの「戦後」という時代に対する認識の枠組みは驚くほど似ていることがわかるであろう。彼らはいずれも「戦後思想の基本文書」に含まれた「思想上の矛盾」のゆえに〈戦後の終焉〉は不可避であると考えていた。しかしそこに注がれるふたりの眼差しには著しく異なった思想性が含まれている。一方は〈戦後の終焉〉に〈近代の復興〉を読みとり、他方はそこに〈近代の終焉〉を見ていた。清水幾太郎の思想は近代の枠組みに閉じている。それは「文明開化の論理」の枠内に自閉するものであり、それゆえ「合理から合理を追うてある型を出られぬ『知性』がどんな形で同一の堕落形式をくりかえすかを知る一つの標本的適例」以外の何ものでもなかった[20]。これに対して保田與重郎の思想は近代をこえる歴史的射程をもっている。戦後社会が直面する「自壊自滅」の運命を回避する道は〈近代の繁栄〉を放棄し、前近代の「米作りの生活」に根ざした「東洋の道徳」に立ち返ることで「平和しかない生活の様式」を実現し「戦争の発生せぬ生活をつくる」ことであった[21]。

清水幾太郎は「国家が戦争をしていない状態」という平和の定義を紹介し、それは「国家間——或いは、国家群間――に軍事力のバランスが保たれていることによって可能なものである」と指摘している。[22] これに対して保田與重郎は「ことばの上で、平和とは戦争をつくり出しているしくみが、戦争をやめている状態で、太平とは戦争をつくり出す方法のない生活のしくみの日常性だと、分類しておいてもよいと思う」と述べている。[23] ここでもふたりの「平和」の定義は一致している。しかし「平和」の維持に軍事力のバランスが不可欠だと考える思想と、そのような「平和」の維持ではなく「太平」の継続を望み「戦争を抑圧しうるのは戦争の発生せぬ生活をつくる他ない」と考える思想との間には無限の距離が横たわっている。[24] そこには「消極的平和の思想」と「積極的平和の思想」の関係に通じるものがある。「戦争をつくり出しているしくみ」に代わる「戦争をつくり出す方法のない生活のしくみ」によって「自壊自滅」の運命を回避することは現代における喫緊の課題であるといえよう。

四

考古学者の佐原真は縄文時代と弥生時代の石鏃の比較を通じて、戦争が始まったのは稲作が始まってからであることを明らかにした。縄文時代には小型軽量であった狩猟用の石鏃が、弥生時代になると大型化・重量化して殺人専用の武器へと変化した。戦争用の真正の武器に加え、この時期に登場する防御集落や戦死者の墓、武器の崇拝などの考古学的証拠によって、戦争は弥生時代に始まったものであり、縄文時代に戦争はなかったと考えることができる。[25] 縄文社会は日本列島の豊かで多様な生態系を活用した網羅的生業構造によって、長期にわたる定住生活を実現した社会であった。これに対して弥生時代は大規模な灌漑設備をともなう本格的な水田稲作が北部九州に上陸し、それがしだいに列島全域を覆いつくしていった時代である。[26] 弥生時代の始まりは水田稲作に特化した選択的生業構造を基礎として編成された社会の出発点としてあった。この国の「米作りの生活」はこうして始まった。そしてそれは「戦争」の始まりであった。「米作りの生活」は「戦争の発生せぬ生活」ではなかった。

弥生社会には「森林を切り拓き、そこに水を引いて水田を造る技術」があり「自然を大規模に改変するという発想」があった。「縄文人は食料を獲得する目的で大幅な自然の改変を行うことはない。木の実のなる大切な森を根こそぎ伐採して、そこに水路を引いて水田を造るという発想は縄文からは出てこない」「水田稲作の開始とは、単なる食料獲得手段の変更にとどまらない、社会面や精神面まで巻き込んだ生活全体の大変革」であった。[27] 縄文社会には自然とともに生き、自然に還る死生観、自然の復元力を破壊することなく、自然と共存するライフスタイル、拡大再生産を志向せず、安定性を強く志向する、平準化がはたらく社会という顕著な特徴を見てとることができる。これに対して弥生社会は拡大再生産を目的とする社会であり、自然の不可逆的な改変を通じて、自然を破壊するライフスタイルに特徴づけられている。それは自然と共存するのではなく、自然を支配することによって、人間の自由度を拡大しようとする社会としてあった。そこには死生観、自然観、世界観の転回がある。[28]

農業の開始は文明の誕生に通じていた。大規模な灌漑設備をともなう本格的な穀物栽培の開始は、生物的自然を農業生産力として自覚的に組織することを可能にし、文明はこの農業生産力を基礎とする農業文明として誕生した。そこには人間が自然を支配する関係を自覚的に組織し、それを基礎として人間が人間を支配する関係を自覚的に組織する構造がある。それは「戦争をつくり出しているしくみ」以外の何ものでもない。農業社会の自然認識は人間が自然を支配する関係を、生物的自然と人間の関係に即してとらえたものにほかならない。近代科学の自然認識はこのような自然と人間の関係を農業社会から受け継ぎ、それを物質的自然と人間の関係に即してとらえ直したものとしてある。それは人間が自然を支配する関係を、生物的自然と人間の関係から物質的自然と人間の関係へと拡張することによって、より一層徹底したものにほかならない。近代文明は農業文明と異なった文明ではなく、その遺産を相続した文明と考えるべきであろう。「米作りの生活」は「文明開化の論理」に通じていた。

前近代は〈稲作以前〉と〈稲作以後〉で区別して考えなければならない。〈稲作以後〉の「米作りの生活」は「戦争をつくり出しているしくみが、戦争をやめている状態」でしかなく、〈稲作以前〉の縄文時代の生活こそが「戦争をつくり出す方法のない生活のしくみの日常性」であった。保田與重郎の歴史認識は近代をこえる射程をもっていたが、彼の考える前近代は〈稲作以後〉にとどまり〈稲作以前〉にまでは届いていなかった。〈戦後の終焉〉に〈近代の終焉〉を見てとった保田與重郎の歴史認識は、そこに〈近代の復興〉を読みとることしかできなかった清水幾太郎のそれより優れていたが、彼もまた「狩猟・採集民、食料採集民のほうが残虐で、農業を始めると人は平和になる」という先入観から自由ではなかった。しかし「食料採集民のほうが平和で、農民のほうが戦う」「農耕社会が成熟していく過程でどんどん戦いが盛んになる」ということが考古学や人類学によって明らかにされてきた。[29] 現代の歴史認識には〈農業以前〉と〈文明以前〉にまで届く射程が不可欠であるといえよう。

五

農業が始まる前の社会は自然の一員としての人間が自然のなかで、自然の生命力に依存して生活する自然社会であった。そこには自然と人間が共存する関係を基礎として人間と人間が共存する関係があった。これに対して農業の開始によって、人間は自然に対する特権的な位置を獲得し、自然の生命力を農業生産力として自覚的に組織することが可能となった。農業社会はそこに成立した。そこには人間が自然を支配する関係を基礎として人間が人間を支配する関係がある。文明の誕生は人間が自然を支配する関係を自覚的に組織し、それを基礎として人間が人間を支配する関係を自覚的に組織する構造の成立であった。自然社会と農業社会は、生物的自然と人間の関係を基礎とする社会であるという点で共通しているが、自然と共存するか、自然を支配するかという点で明確に異なった特徴をもっている。そこには自然と人間の関係における決定的な転回がある。近代科学と近代文明はそのような自然と人間の関係を、生物的自然と人間の関係から物質的自然と人間の関係へと拡張することで成立した。

近代科学の自然認識は、人間が自然に対する特権的な位置を確立し、そこから自然を客観的な法則的知識の体系として把握しようとするものであった。近代文明と近代社会はこのような近代科学の自然認識を基礎としている。〈近代の兵力〉と〈近代の重工業〉による〈近代の繁栄〉はその所産にほかならない。近代科学と近代文明は〈近代の兵力〉と〈近代の重工業〉の力で、地球的規模へと拡大の過程を歩み、二〇世紀初頭には世界全域を覆いつくすに至った。しかしその時期に近代科学と明確に異なる自然認識をもつ現代科学が誕生した。現代科学は人間を自然の一員として位置づけ、人間を含む自然の構造を明らかにしようとしている。人間は自然の長い営みのなかから自然の一部として生まれ、自らをその一部として含む自然の構造を解明する主体となる。それは自然を支配するのではなく、自然と共存する自然認識の地平を開示するものにほかならない[30]。そこには自然と人間の関係における決定的な転回がある。そこに自然社会の自然認識に通底する特徴を見てとることができるであろう。

現代科学は自然社会の自然認識を、生物的自然と人間の関係から物質的自然と人間の関係へと拡張することで、厳密な論理の体系として復活させたものといえよう。それのみではない。現代科学の誕生は後近代の地平を開示するものと考えるべきであろう。そしてその後の現代科学の発展は、物質的自然と生物的自然を含む歴史的自然と人間の関係の解明に向けて、その探究の歩みを続けている。近代テクノロジーは近代科学の枠組みにもとづいて組織されており、〈近代の兵力〉と〈近代の重工業〉はそこに生まれたものにほかならない。しかし現代科学の成果は相次いで実用化が進められ、近代テクノロジーの内部への導入が続いている。現代テクノロジーは現代科学の成果を近代科学の枠組みで管理する構造をもつものとしてある。[31] 現代テクノロジーはそこに内在する現代科学の成果によって変容の過程にあり、それは近代のテクノロジーから後近代のテクノロジーへの移行期に成立する過渡的形態と考えなければならない。現代科学の成果は近代科学の枠組みに撃ち込まれた自己否定の契機であった。

核兵器は最初に実用化された現代科学の成果であった。しかし現代科学が生みだしたものは核兵器だけではない。地球的規模で構築されたネットワーク・テクノロジーも、目覚ましい発展をとげた情報科学や生命科学も、まぎれもなく現代科学の所産であった。現代科学は近代科学の発展の帰結として生まれてきたが、近代科学とは明確に異なる自然認識の枠組みをもっており、そこには後近代に通底するものがある。核兵器は〈近代〉に撃ち込まれた〈近代の自己否定〉であった。それは〈近代の兵力〉を無化するものにほかならない。これに対して地球的規模で構築されたネットワーク・テクノロジーは、無限に多様で個性的な人間の活動を、国家をこえた広がりへと解き放つものであり、現代科学の成果はテクノロジーの変容を通じて、現代社会に構造的変容を引き起こしている。それは〈近代の重工業〉に代わる後近代のテクノロジーと、それを基礎とする後近代の社会の誕生を予告するものといえよう。[32]〈近代の兵力〉の放棄から〈近代の重工業〉の放棄に至る過程は後近代への道であった。

六

縄文社会は定住生活を始めながら農業の開始へと進むことなく、自然社会の基本的枠組みを長期にわたって維持し続けた社会であった。それは高度に成熟した自然社会であった。そのような縄文時代の原体験は弥生時代になっても容易に消え去ることなく、この国の農業社会の深層に根強く残り続けた。それは縄文のエトスに色濃く刻印された農業社会であった。[33]保田與重郎が「米作りの生活」に見ていた「戦争をつくり出す方法のない生活のしくみの日常性」は、この国の農業社会の深層に生き続けた縄文社会の残響と考えるべきであろう。核兵器の登場によって〈近代の兵力〉が絶対の自己否定に直面したとき、この国の人びとが〈近代の兵力〉の放棄を定めた日本国憲法の第九条を受け入れたのは、明治以降の近代化によっても消え去ることなく生き続けた縄文のエトスのなせる業であった。それは〈近代の兵力〉の放棄から〈近代の重工業〉の放棄に至る過程の起点となった。「戦後」は

〈近代の自己否定〉を内に含む〈近代〉であり、それはこの国の「戦後」に限定されたことではなかった。

〈近代の兵力〉の帰結は核兵器の登場であり、それは〈近代の兵力〉を絶対の自己否定に直面させることとなった。[34] 地球的規模の環境破壊に代表される現代の諸問題は〈近代の重工業〉による〈近代の繁栄〉の帰結を示すものであり、それは〈近代の重工業〉による〈近代の繁栄〉が絶対の自己否定に直面していることを意味している。〈戦後の終焉〉は即ち〈近代の終焉〉であった。そこに〈近代の超克〉の課題がある。テクノロジーの変容を通じて登場する後近代のテクノロジーを基礎として後近代の社会が誕生する。それは縄文社会を自覚的な相のもとに復活させた社会となるであろう。定住生活を始めながら農業の開始へと進むことなく、自然社会の基本的枠組みを長期にわたって維持し続けた縄文時代の原体験は、この国の農業社会の深層に生き続け、明治以降の近代化を耐え抜いて今甦ろうとしている。それは〈戦後の終焉〉に〈近代の復興〉を夢想する一切の誤謬と倒錯を撃つだけでなく、「米作りの生活」を神秘化する農本ロマン主義では答えにならないことを教えるものでもあった。

農業の開始を経て誕生した文明は人間が自然を支配する関係を自覚的に組織し、それを基礎として人間が人間を支配する関係を自覚的に組織する構造をもっていた。近代文明もその構造を継承した。後近代の社会は自然と人間が共存する関係を自覚的に組織し、それを基礎として人間と人間が共存する関係を自覚的に組織する構造をもつ社会でなければならない。それは新しい文明の誕生である。[35]〈近代の超克〉の課題は新しい文明の誕生に通じていた。縄文のエトスと現代科学の自然認識は相呼応して、後近代の世界への道筋を描きだしている。日本国憲法第九条の理念は〈近代の兵力〉の放棄から〈近代の重工業〉の放棄に至る全過程をつらぬいて、後近代の世界への出口を指し示している。それは「一国平和主義」に自閉する「消極的平和の思想」ではない。それどころか後近代の世界への出口を指し示す「積極的平和の思想」であった。それは世界の道標としてある。その道をためらうことなく歩き抜くとき、戦後社会は自らを呪縛する「自壊自滅」の運命から解放されることになるであろう。

それなしに清水幾太郎の呪詛からも、保田與重郎の呪詛からも解放されることはない。〈戦後の終焉〉は不可避である。われわれは〈戦後の終焉〉に〈近代の復興〉を夢想する誤謬と倒錯に身を委ねることはできない。しかしそこに〈近代の終焉〉を見てとる農本ロマン主義のユートピアに希望を託すこともできない。現代社会は現代科学の成果を近代科学の枠組みで管理する構造を基礎として成り立っている。そのような過渡期の構造のなかで、近代科学の自然認識に未来を委ねる立場と、現代科学のそれに未来を託す立場がわかれてくる。[36] 歴史認識が〈稲作以前〉にまで届いているか〈稲作以後〉にとどまっているかという点も、現在の思想と思想家を識別する指標となるであろう。これまで述べてきたことからも明らかなように、〈稲作以前〉にまでさかのぼる歴史認識をもち、現代科学の自然認識に未来を託す立場が〈近代の超克〉の課題に呼応し、後近代の世界への扉を開くものとなる[37]。喫緊の政治的課題に対しても、そのような思想的立場にもとづく態度決定が不可欠であるといえよう。

(1) 一九八〇年六月に講談社から刊行された『戦後を疑う』は『清水幾太郎著作集』第十七巻（講談社、一九九三年）にそのまま収録されているが、同年九月に文藝春秋から刊行された『日本よ 国家たれ――核の選択』については、第一部「日本よ 国家たれ」が同巻に一部を除いて「新しい戦後」と題して収録されているのみで、第二部「日本が持つべき防衛力」と「あとがき」に該当する部分は収録されていない。「解題」に言い訳がましい弁明はあるが納得のいくものではない。しかし著作集に収録されている部分からだけでも、彼の戦後社会への呪詛の念と、主権国家としての資格の回復への意志は明確に読みとることができる。以下、彼の著書からの引用は一九八〇年刊行の前掲二書による。

(2) この時期を清水幾太郎は「新しい戦後」と呼んでいる。前掲『日本よ 国家たれ』八三―九四頁参照。

(3) 同右書、一六―二三頁参照。

(4) 前掲『戦後を疑う』二六三頁参照。

(5) 同右書、一四八―一五一頁参照。

(6) 前掲『日本よ 国家たれ』五一頁参照。

(7) 同右書、二一頁参照。

(8) 同右書、五九―七〇頁参照

(9) 同右書、八三―九四頁参照。

(10) 同右書、九四頁参照。

(11) 同右書、二五一頁参照。

（12）同右。
（13）安倍首相は二〇一五年の広島平和式典で「非核三原則」への言及を回避し、きびしい批判にさらされた。長崎平和式典では「非核三原則」への言及を余儀なくされたが、不本意な結果であったと推察される。二〇一六年の両式典では「非核三原則」に言及されているが、その直後に伊方原発の再稼働が強行された。
（14）オバマ米大統領が検討していた核先制不使用宣言に、安倍首相が反対の意向を伝えていたことからも、核抑止力に対する強い執着を見てとることができ、そこに「核の選択」への意志を読みとるべきであろう。
（15）保田與重郎『述史新論』（『保田與重郎全集』第三十七巻、講談社、一九八八年）七―一六一頁参照。『述史新論』は一九六一年に執筆され、死後、一九八三年に自宅で発見された。一九八四年に新潮社から『日本史新論』と題して刊行されたが、一九八八年に講談社から刊行された『保田與重郎全集』第三十七巻には『述史新論』と題して収録されている。この間の経緯については、同巻「解題」五二三―五二六頁参照。なお、保田與重郎の著書からの引用においては、読みやすさを考慮して、旧字旧仮名は適宜新字新仮名にあらためた。
（16）前掲『述史新論』一一頁参照。
（17）同右書、一七頁参照。
（18）保田與重郎「近代の終焉」『保田與重郎全集』第二十五巻（講談社、一九八七年）二三二―二四八頁参照。
（19）清水幾太郎は〈近代の重工業〉による〈近代の繁栄〉を最優先する姿勢で一貫しており、一九七〇年代から重要な課題として浮上してきた「環境」や「福祉」の問題に対して、著しく冷笑的な発言を前掲二書においても随所でくり返している。
（20）保田與重郎「文明開化の論理の終焉について」『保田與重郎全集』第七巻（講談社、一九八六年）一一―二一頁参照。
（21）前掲『述史新論』七―一六一頁参照。
（22）前掲『日本よ 国家たれ』四三頁参照。
（23）前掲『述史新論』九一頁参照。
（24）同右書、一三七頁参照。

（25）佐原真『佐原真の仕事4　戦争の考古学』（金関恕・春成秀爾編、岩波書店、二〇〇五年）参照。
（26）藤尾慎一郎『弥生時代の歴史』（講談社、二〇一五年）参照。弥生時代の水田稲作は北海道や琉球諸島には及んでいない。これらの地域を除く日本列島に対する適切な呼称がない。これを田中琢は「本州諸島」と呼び、佐原真は「本土」と呼んでいる。田中琢・佐原真『考古学の散歩道』（岩波書店、一九九三年）七頁参照。
（27）前掲『弥生時代の歴史』五〇―五一頁参照。
（28）藤尾慎一郎『弥生変革期の考古学』（同成社、二〇〇三年）、小林達雄『縄文の思考』（筑摩書房、二〇〇八年）、山田康弘『生と死の考古学――縄文時代の死生観』（東洋書店、二〇〇八年）、設楽博己『縄文社会と弥生社会』（敬文舎、二〇一四年）、他参照。
（29）佐原真『考古学つれづれ草』（小学館、二〇〇二年）一九一―一九三頁参照。
（30）拙著『全共闘運動の思想的総括』（北樹出版、二〇一〇年）七九―九五頁参照。
（31）同右書、九六―一一二頁参照。
（32）そこにおける共同性は「主体として自立したもの同士のネットワークとして実現されなければならない」。後近代の社会は「社会を支える自立した主体」からなる「主体と主体のネットワークとしての社会」でなければならない。渡辺和靖『保田與重郎研究』（ぺりかん社、二〇〇四年）五九九―六〇〇頁参照。
（33）拙著『日本革命の思想的系譜』（北樹出版、一九九四年）三一七―三五八頁参照。
（34）拙著『核時代の思想史的研究』（北樹出版、一九八五年）二七―二五四頁参照。
（35）前掲『日本革命の思想的系譜』三一七―三五八頁参照。
（36）戦後社会が直面する「思想上の矛盾」は、この近代科学と現代科学の自然認識をめぐる対立によるものであった。
（37）それは「世界史の哲学」の誕生にほかならない。前掲『全共闘運動の思想的総括』三五五―三七〇頁参照。

軍事研究と基礎科学——原子核物理学と原爆開発計画の狭間で

一

二〇一七年三月二四日、日本学術会議は安全保障と学術に関する検討委員会の審議結果をふまえ「軍事的安全保障研究に関する声明」を正式決定した[1]。そこには「日本学術会議が一九四九年に創設され、一九五〇年に『戦争を目的とする科学の研究は絶対にこれを行わない』旨の声明を、また一九六七年には同じ文言を含む『軍事目的のための科学研究を行わない声明』を発した背景には、科学者コミュニティの戦争協力への反省と、再び同様の事態が生じることへの懸念があった。近年、再び学術と軍事が接近しつつある中、われわれは、大学等の研究機関における軍事的安全保障研究、すなわち、軍事的な手段による国家の安全保障にかかわる研究が、学問の自由及び学術の健全な発展と緊張関係にあることをここに確認し、上記二つの声明を継承する[2]」と述べられている。それは研究体制の再軍事化に抗する明確な決意の表明にほかならない。

第二次世界大戦後の科学の構造は、アメリカの原子爆弾開発計画（マンハッタン計画）に代表される大規模な科学動員体制を受け継ぐ形で成立し、冷戦期の軍拡競争とともに発展を続けてきた。したがって戦後の研究体制において、戦争目的の研究・軍事目的の科学は、なんら珍しいことではなかった。「軍事科学についていえば、日本でこそ太平洋戦争の敗戦以来好ましからざるもの、責められるべきものという考えが広がったが、アメリカを先頭に欧米諸国では、そしてソ連でも、第二次大戦後ずっと、科学が国防に奉仕するのは当然のこととして疑われなかったのである」[3]。マンハッタン計画がつくりだした科学の構造は、戦後の巨大科学の原型となり、研究体制を呪縛する桎梏となった。そこでは純粋の基礎科学と軍事研究が当たり前のように共存していた。このような科学の構造を、科学史家の広重徹は「科学の体制的構造」と呼んだ[4]。

戦争中の日本にも、そのような構造は芽生えていた。理化学研究所仁科研究室と京都帝国大学荒勝研究室は、当時の日本における原子核物理学の二大拠点であった[5]。理研と京大で建設が進められていた大型サイクロトロンは、第一線級の加速器であり、原子核物理学の研究水準は欧米と遜色のないものであった。湯川秀樹と朝永振一郎のノーベル物理学賞は、そのような環境のなかから生まれたものにほかならない。サイクロトロンは基礎科学のための実験装置であったが、それらの加速器の建設に、理研では陸軍から、京大では海軍から資金援助がなされていた。そして理研では陸軍の依頼で「二号研究」、京大では海軍の依頼で「F研究」という原子爆弾開発計画が進められていた[6]。いずれも原子爆弾の開発に成功するには至らなかったが、純粋の基礎科学と軍事研究が当たり前のように共存する構造は、日本でも生まれかけていた。

そのような戦争中の軍事研究との関わりは、原子核物理学だけでなく、さまざまな分野にあり、一九五〇年と六七年の日本学術会議の声明は、そうした科学動員の経験に対する深い反省をふまえて発せられたものであった。一九六七年の日本物理学会臨時総会における「決議三」もそうであった。[7] 戦後一貫して、日本の大学や学会が軍事研究にきびしい制約を課してきたのは、そのような立場を守り続けてきたからにほかない。それは軍事研究が当たり前であった世界の科学の構造とは明確に異なる、科学と科学者のあり方を示すものといえよう。そこには基礎科学と軍事研究が共存する構造として生まれた「科学の体制的構造」に内在することを余儀なくされながら、軍事研究と一線を画すことを主体的に選び続けてきた、戦後日本の科学と科学者の姿がある。そしてそれは日本国憲法第九条の制約のもとに置かれた戦後日本のあり方に通じていた。

戦後日本の科学と科学者のあり方は、冷戦構造に内在することを余儀なくされながら、憲法九条を堅持し、その制約のもとで、自制的な防衛政策と自衛隊のあり方を維持してきた、戦後日本のあり方に研究体制の内部から呼応する、科学と科学者のあり方を示すものといえよう。憲法九条のもとに置かれた、戦後日本の国家と軍隊のあり方は、冷戦期という特異な時期にのみ成り立つものではなく、また日本という閉鎖的空間でしか通用しない特殊なものでもなく、冷戦期をこえて、冷戦後の世界においても、きわめて重要な意味をもち、世界史のなかで先進的な位置を占めるものにほかならない。[8]日本学術会議の声明と、それを受けて維持されてきた戦後日本の研究体制は、軍事研究が当たり前であった戦後世界の科学の構造のなかで、むしろ未来の世界へと通底する、科学と科学者のあり方を先取りするものになっているというべきであろう。

集団的自衛権行使を容認し、さらにその先に憲法九条の改正を考えることは、戦後の日本が守り続けてきた大きな可能性を殺すものでしかない。そしてそれは地球と人類の未来を閉ざすことにほかならない。日本学術会議が一九五〇年と六七年の声明を見直し、戦争目的・軍事目的の研究を解禁することは、集団的自衛権行使を容認し、さらにその先に憲法九条の改正を考える勢力に、研究体制の内部から呼応するものであり、戦後の日本が守り続けてきた、未来への大きな可能性をくびり殺すことにしかならない。それは地球と人類の未来に対する責任を放棄することにほかならない。なぜ一歩先を歩んでいるわれわれが、一歩後ろに後退しなければならないのか。今回の「軍事的安全保障研究に関する声明」は、一九五〇年と六七年の声明を継承し、戦後日本の研究体制が守り続けてきた可能性を、冷戦後の世界へと伝えていく決意を示すものといえよう。

二

日本の原子核物理学は仁科芳雄と荒勝文策にその起点を求めることができる。[9]仁科芳雄がコペンハーゲンのニールス・ボーアのもとから帰国し、荒勝文策がイギリスのキャヴェンディッシュ研究所から帰国したのは、いずれも一九二八年のことである。それは量子力学の誕生を経て、原子核物理学の研究が本格的に始まったばかりのころであった。仁科は一九三二年に理化学研究所の主任研究員として仁科研究室を発足させ、荒勝は台北帝国大学教授を経て一九三六年に京都帝国大学教授に就任した。こうして一九三〇年代に日本の原子核物理学はスタートした。理研仁科研究室と京大荒勝研究室はその二大拠点であった。理研サイクロトロンと京大サイクロトロンは第一線級の加速器であり、原子核物理学の研究水準は欧米と遜色のないものであった。湯川秀樹と朝永振一郎のノーベル物理学賞は、そのような環境のなかから生まれたものにほかならない(10)。

二〇世紀の物理学における最大の発見となった相対論と量子論は、空間と物質の概念に革命的な変化をもたらした。時間と空間は独立に存在するものではなく、絶対時間と絶対空間という近代科学の基礎となる概念は、時空の相対性という概念に置きかえられた。また自然の観測者としての人間は、自然から独立な認識主体として自然の外にいるのではなく、自然の一部として自然の内にあることが明らかとなった。さらに物質の運動は絶対空間のなかで空間と独立に起こる現象ではなく、時空のひずみやゆらぎである場の相互作用として起こる現象と理解されている。相対性理論と量子力学は近代科学の自然認識の枠組みを根底からゆるがしていった。とりわけ量子仮説の提唱から量子力学の建設に至る量子論の展開は決定的であった。そこには近代科学と異なる自然認識の枠組みがある。量子力学の成立は近代科学と明確に区別された現代科学の誕生であった。[11]

原子構造の研究を経て確立された量子力学は、原子核の領域へとその探究の歩みを進めていった。仁科芳雄がコペンハーゲンのボーアのもとで、荒勝文策がラザフォードが所長を務めるキャヴェンディッシュ研究所で学んでいたのは、まさにそのような時期であった。それは原子核物理学の研究が本格的に始まろうとしていた時期にほかならない。彼らは日本に量子力学と原子核物理学をもち帰った。仁科と荒勝のもとで日本の原子核物理学の研究は進められていった。仁科と荒勝が研究を開始した一九三〇年代は、加速器という新しい実験装置の登場に特徴づけられていた。ラザフォードは天然のラジウムから放出されるα線を用いて散乱実験を行ったが、一九三〇年代に入ると、加速器によって高速の粒子線を人工的につくりだし、それを用いて原子核の研究を進める方法が開発された。仁科も荒勝も加速器の建設とそれを用いた研究を進めていった。

一九三一年にはローレンスによるサイクロトロンの発明があり、この加速器がその後の原子核物理学の主要な実験装置となった。[12]一九三二年にはコッククロフト・ウォルトン型加速器による原子核の人工変換実験が行われた。そして同じ一九三二年にチャドウィックは中性子を発見し、陽子と中性子という原子核の構成要素が明らかになった。陽子と中性子を総称して核子と呼ぶが、核子と核子をむすびつけて原子核をつくりあげている力を媒介する粒子が、一九三五年に湯川秀樹が予言し、一九四七年に宇宙線のなかにその存在が確認された中間子である。湯川の中間子論は素粒子物理学の誕生を告げるものであった。[13] 一九三五年にはフェルミによる中性子を用いた核反応の研究が始まり、一九三八年にはハーン、シュトラスマン、マイトナーによるウランの核分裂の発見を迎えることになる。中性子を吸収してウランの原子核が分裂する現象が確認されたのである。

台北帝大に赴任した荒勝はコッククロフト・ウォルトン型加速器を建設し、一九三四年にアジアで最初の原子核の人工変換実験に成功する。[14] 一九三六年に京大にもどってからもコッククロフト・ウォルトン型加速器による実験を続け、その後サイクロトロンの建設に着手する。これに対して理研の仁科は、最初からサイクロトロンの建設を進め、一九三七年に日本で最初のサイクロトロンの建設に成功する。これは二六インチサイクロトロンであり、小サイクロトロンと呼ばれた。引き続いて、六〇インチサイクロトロンの建設に着手し、一九四四年には大サイクロトロンが完成した。これは一九三九年にバークレーのローレンスが建設した六〇インチサイクロトロンと同じタイプであり、世界の第一線級の加速器であった。しかし具体的な成果を得ることなく敗戦を迎え、一九四五年に大小ふたつのサイクロトロンは占領軍によって破壊され東京湾に沈められた。

京大荒勝研究室ではコッククロフト・ウォルトン型加速器による実験とともに、中性子による核反応の研究も精力的に進められた。一九三八年末にウランの核分裂が発見されると、一九三九年には直ちにそれにともなって発生する中性子数の測定が行われた。このときの荒勝グループの測定値は、第二次大戦前に公表されたデータのなかで、もっとも精度の高いものであったと、戦後にジョリオ・

キュリーが証言したと伝えられている。[15] 当時の原子核物理学の水準を示すものといえよう。さらに一九四〇年ころには、京大でもサイクロトロンの計画がスタートし、四〇インチサイクロトロンの建設が進められた。京大サイクロトロンは理研サイクロトロンより小型であったが、世界の第一線級の加速器であり、完成すれば大きな成果が期待された。しかしその完成を見ることなく敗戦を迎え、同じく一九四五年に占領軍によって破壊された。最終処分地は不明である。

三

原子爆弾は最初に実用化された現代科学の成果であった。それは相対論と量子論がなければ生まれることはなかった。一九〇五年にアインシュタインが提唱した特殊相対性理論から、質量とエネルギーの等価性が導きだされた。この質量とエネルギーの等価性こそ核エネルギーの理論的根拠となるものにほかならない。しかしそれだけでは単なる理論的可能性にとどまり、実用化の可能性を示すものではなかった。原子構造の研究を経て一九二六年に誕生した量子力学は、原子核と素粒子の領域へと探究の歩みを進めていったが、これらもまた物理学者の知的関心を引くものであっても、実用化の可能性につながるものと考えられてはいなかった。それが一九三八年のハーン、シュトラスマン、マイトナーによる核分裂反応の発見によって一変した。これを契機に、核エネルギーの実用化は急速に進展し、一九四五年の広島と長崎の原爆投下につながっていった。[16]

一九三九年にジョリオ・キュリーは、核分裂にともなって数個の中性子が発生することを確認し、持続連鎖反応の可能性を指摘した。この持続連鎖反応の理論は核エネルギーの実用化に根拠を与えるものとなった。持続連鎖反応を制御することができれば、そこからエネルギーを取りだすことができるからである。こうして第二次世界大戦という政治的状況に媒介されて、原子爆弾開発計画は急速に具体化されていった。原子爆弾開発に対する最初の組織的な検討はイギリスで行われたが、その後の開発の中心はアメリカに移り、一九四二年六月に陸軍管轄の原子爆弾開発計画「マンハッタン計画」がスタートした。そして三年の歳月を経て、三発の原子爆弾の開発に成功した。一九四五年七月一六日にニュー・メキシコ州アラモゴルドの砂漠で最初の原子爆弾の実験が行われ、八月六日には広島でウラン爆弾が、九日には長崎でプルトニウム爆弾が投下された。

一九四二年一二月にフェルミは原子炉内で持続連鎖反応の制御にはじめて成功した。このときの使用済核燃料からプルトニウムが得られることがわかり、プルトニウム生産用の原子炉が建設された。こうして生産されたプルトニウムは長崎に投下されたプルトニウム爆弾の原料として使用された。これに対してウラン爆弾の原料を得るには、天然ウランから同位体を分離しなければならない。プルトニウムの分離には化学的特性の違いを利用すればよいが、ウランの同位体は化学的特性が同じなので、質量のわずかな違いという物理的特性を利用して分離する物理的方法が必要であった。ローレンスはサイクロトロン用の電磁石を質量分析装置として使用することを提案し、ガス拡散法で濃縮したウランをこの分離装置のイオン源とする電磁的方法が採用された。こうして分離されたウランは広島に投下されたウラン爆弾の原料として使用された[17]。

アメリカの原子爆弾開発計画「マンハッタン計画」が具体的に進行していたころ、日本でも核エネルギーの軍事利用の可能性が検討され、陸軍と理研仁科研究室による「ニ号研究」と、海軍と京大荒勝研究室による「F研究」が企画立案された。アメリカが国家の総力をあげて原子爆弾の開発に取り組んでいたころ、日本では陸軍と海軍がそれぞれ別々の計画を進めていた。陸軍は一九四〇年に核エネルギーの軍事利用の可能性について調査を始め、一九四一年には理研の仁科に対して、サイクロトロン建設の援助とともに、原子爆弾開発のための調査研究を依頼した。そして理研からの報告書を受けて、一九四二年に「ニ号研究」が開始された[18]。仁科研究室では熱拡散法によってウランの同位体を分離する方法を採用し、一九四四年から分離筒の製作と実験が行われたが不成功に終わった。一九四五年の東京空襲によって分離筒は破壊され研究は中止された。

海軍の取り組みは陸軍より遅れて始まった。海軍技術研究所は一九四二年に陸軍の計画とは独立に、仁科を委員長とする物理懇談会を発足させ、原子爆弾開発の可能性について検討に着手した。しかし一九四三年に、アメリカといえども原子爆弾を今時大戦中に完成させることはできないであろうという結論に達した[19]。一九四二年には海軍艦政本部が京大の荒勝に対して、サイクロトロン建設の援助とともに、原子爆弾開発の研究を依頼し、一九四三年に「F研究」が開始された[20]。陸軍と海軍だけでなく、海軍のなかでも独立に複数の取り組みがなされていたのである。荒勝研究室では遠心分離法によってウランの同位体を分離する方法を採用し、遠心分離器の設計と製造が進められた。しかし研究が本格化したのは一九四四年後半のことであり、資材の不足と若い研究者がほとんど徴兵された後であったため、十分な成果をあげることなく敗戦を迎えた。

理研では分離筒がつくられ、京大では遠心分離器が検討され、それぞれ熱拡散法と遠心分離法によるウランの同位体の分離を目的とした実験と理論的計算は行われたが、積極的に原子爆弾を開発しようとした様子は見受けられない。アメリカといえども原子爆弾を今時大戦中に完成させることはできないであろうという物理懇談会の結論は、日本の物理学者の共通了解であり、原子核物理学の基礎的研究の推進とサイクロトロンの建設が彼らの主要な関心事であった。アメリカではウランの同位体の分離だけでなく、原子炉の建設とプルトニウムの生産が並行して進められた。ドイツでは原子爆弾についても日本の物理学者と同じ考えであったが、ハイゼンベルクを中心に原子炉の開発が進められた。[21]しかし日本ではプルトニウム爆弾も原子炉の建設も検討されることはなかった。ニ号研究とF研究に原子爆弾開発計画としての実体はなかった。

四

近代日本の研究体制のなかに大きな存在感を示すものとして、一九一七年に設立された理化学研究所（理研）をあげることに異論はないであろう。とりわけ一九二一年に第三代所長に就任した大河内正敏のもとで、理研は目覚ましい発展をとげていった。仁科研究室の原子核物理学の研究に代表される優れた業績は国際的にも高い評価を得た。大河内は主任研究員制度を導入して、科学者に大きな権限と自由な研究を保証することで「科学者の自由な楽園」[22]といわれる独自の研究体制をつくりだした。[23]そこには大規模な実験装置を用いた共同研究や、専門の垣根をこえた学際的交流の場があった。大河内は理研の研究成果を製品化することで利益を上げ、その利益を研究費として還流するシステム（理研コンツェルン）をつくりあげた。そこには科学と技術の密接な関係があり、科学研究が技術開発と直結することで利権を生みだす構造があった。[24]

理研の設立は国家事業として進められ、原子核物理学の研究にも潤沢な国家資金が投入された。さらにニ号研究がスタートすると、サイクロトロンの建設費を陸軍が支援する構造がつくりあげられていった。そこには巨大な実験装置と多額の資金を必要とする共同研究という戦後に顕著になる研究体制が胚胎していた。科学と技術の密接な関係が巨大な利権を生みだす構造も、戦後の科学と技術のあり方を先取りしていた。しかし科学と技術の密接な関係が生みだすものは利権だけではない。マンハッタン計画を通じて、科学と技術の密接な関係は権力を生みだすことが証明された。ニ号研究やF研究にもそのような構造の萌芽はみられるが、原子爆弾の開発に成功し戦勝国となったアメリカではより一層顕著であった。現代科学の成果はそのような科学の構造のなかに封印され、科学者は体制に依存するテクノクラートとなることを余儀なくされた[25]。

このような科学の構造を広重徹は「科学の体制的構造」と呼んだ。そこには近代科学の枠組みに呼応する体制があり、現代科学の成果を近代科学の枠組みで管理する構造がある。近代国家は近代科学の枠組みに呼応する構造をもち、中央集権的な管理体制と権力支配のメカニズムはその究極の姿であった。そこには中央集権的な管理体制と権力支配のメカニズムに包摂された科学の構造がある。科学の体制的構造は現代科学の成果を近代科学の枠組みで管理する構造を通じて、権力と利権を再生産する体制であった。それは科学と科学者を疎外する構造であり、科学者は体制に依存するテクノクラートとして、国家の威信と企業の利益に奉仕することを強いられている。第二次大戦後の科学の構造は、冷戦構造を支える巨大な軍事的構造を維持するための体制であり、軍事研究に奉仕することを究極の目的として構築された構造であった。

ニ号研究やF研究のなかで芽生えつつあった、基礎科学と軍事研究が共存する構造は、敗戦によって誕生のときを迎えることなく終わった。サイクロトロンは破壊され、原子核の研究は禁止された。しかし日本が占領下に置かれていた時期は、国際的には核兵器の開発が急速に進み、核兵器の巨大な破壊力に限界づけられた冷戦構造が形づくられていった時代であった。水素爆弾の開発と配備も進められ、米ソ両国が大量の核兵器を保有して地球的規模で対峙する構造が成立した。弾道ミサイルや原子力潜水艦の開発と配備も進み、それらを運用するために地球的規模で通信・情報システムの整備も進んだ。核兵器は単なる核弾頭の集積にとどまるものではなく、地球的規模で展開された巨大技術の体系としてその姿を現した[26]。日本が占領を解かれ原子核の研究が再開されたとき、それを取り巻く世界は核兵器の脅威のもとに置かれていた。

戦後の復興とともに、日本の研究体制は再建され、科学と技術の密接な関係が権力と利権を生みだす構造も形づくられていった。戦後日本の研究体制は科学の体制的構造から自由ではなかった。にもかかわらず、そこに基礎科学と軍事研究が共存する構造が甦ることはなかった。日本の大学や学会は一貫して軍事研究に慎重な姿勢を取り続けてきたからである。「科学者コミュニティの戦争協力への反省と、再び同様の事態が生じることへの懸念[27]」は、戦後日本の科学と科学者のあり方を強く規定してきた。それは戦後世界の科学の構造とは著しく異なった特徴をもつ特異な存在のように見える。戦後日本の科学の構造は、軍事研究と強い親和性をもつ科学の体制的構造を受け入れながら、その最大の特徴である基礎科学と軍事研究が共存する構造を拒否する姿勢を守り続けてきたからである。そこには自己否定の契機を内に含む構造がある。

マンハッタン計画から生まれた科学の体制的構造は、近代科学の自然認識の枠組みによって管理された科学の構造の高度に完成された形態にほかならない。それは科学と技術の密接な関係が権力を生みだす構造の誕生であった。しかしそれは近代科学と明確に異なる自然認識の枠組みを前提とする現代科学の成果を導入し、それに媒介されてはじめて可能となった構造であることを忘れてはならない。[28]そこには現代科学の成果を近代科学の枠組みで管理する構造があり、自らの内部で互いに異なる二つの自然認識がきびしく鬩ぎ合う構造がある。しかもそのような構造は現代科学の研究を強く促すものとなり、それらの研究成果は相次いで実用化が進められていった。[29]現代の科学と技術の密接な関係は、自らの内部に現代科学の成果を大量に含むものとなっている。そこにはそれとして自覚することなく自己否定の契機を内に含む構造がある。

五

核兵器の登場は、第二次大戦後の国際政治の構造に不可逆的な変化をもたらし、核兵器の存在に規定された国際社会の構造的変容は、軍事力の役割に決定的な変更をせまるものとなった。冷戦構造は核兵器の巨大な破壊力を前提とした相互抑止の構造に限界づけられていた。米ソ両国は大量の核兵器を保有し地球的規模で対峙を続けた。そしてそのような構造は軍事力の行使にきびしい制約を課すものとなった。軍事力の行使は核戦争へと発展する可能性を含み、核兵器の使用は全面核戦争へと発展する可能性を否定できないと考えられていたからである。[30]米ソ両国はそのような状況を自覚し、核戦争を回避すべく行動した。核兵器の地球的規模の破壊力は、核戦争における勝者の不在を不可避なものとし、軍事力の行使は「勝者なき戦争」への扉を開くものとしてあった。そこには自由な軍事力の行使への誘惑を封印する構造があった。

核兵器は国家の所有するものでありながら、国家をこえて国家を制約するものとしてある。それは主権国家としての近代国家のあり方をゆるがすものにほかならない。かつて軍事力は主権の発動を担保するものであり、それゆえ〈主権の象徴〉としてあった。それは主権国家の証であった。これに対して核兵器は軍事力の行使にきびしい制約を課すものであり、むしろ〈主権の制限の象徴〉というべきであろう[31]。このような軍事力のあり方は、もはや〈主権の象徴〉ではなく〈主権の制限の象徴〉であり、現代国家は〈主権の制限の象徴〉としての軍事力のあり方に媒介されて、半主権国家に変質していると考えなければならない[32]。近代の国際政治が主権国家を単位とする政治の枠組みだとすれば、戦後の国際政治は半主権国家を単位とする政治の枠組みととらえることができるであろう。そこには自己否定の契機を内に含む構造がある。

米ソ両国といえども半主権国家としての現代国家のあり方から自由ではなかった。しかし米ソ両国を含む大多数の国家は、自らの半主権国家としての本質に十分自覚的であったとはいえない。それはそれとして自覚することなく自己否定の契機を内に含む近代国家であり、消極的な半主権国家であった。そのような戦後の国際政治のなかで、自らの半主権国家としての本質を公然と掲げ続けてきた特異な国家があった。いうまでもなく「交戦権の否認」と「戦力の不保持」という原則によって「戦争の放棄」を定め「国権の発動たる戦争と、武力による威嚇又は武力の行使」を禁止する憲法をもつ戦後の日本である。日本国憲法第九条は、主権の発動にきびしい制約を課すものであり、その半主権国家としての本質を開示するものにほかならない。それは積極的な半主権国家であった[33]。そこには自己否定の契機を内に含む近代国家がある。

核兵器は最初に実用化された現代科学の成果であった。しかし現代科学が生みだしたものは核兵器だけではない。地球的規模で構築されたネットワーク・テクノロジーも、目覚ましい発展をとげた情報科学や生命科学も、まぎれもなく現代科学の所産である。現代科学は近代科学の発展の帰結として生まれたが、近代科学と明確に異なる自然認識の地平に立脚していることを忘れてはならない[34]。そこには現代科学の成果を近代科学の枠組みで管理する構造がある。現代科学の成果は近代科学の枠組みで管理された科学の構造に撃ち込まれた自己否定の契機であった。そこに科学の体制的構造に秘められた両義性があり、その自己否定の契機を内に含む構造は、現代社会に構造的変容を引き起こしている[35]。それは世界史の現段階が過渡期にあることを示すものにほかならない。半主権国家としての現代国家のあり方は過渡期の形態であった[36]。

核兵器は軍事力の行使にきびしい制約を課すことで、国家と国家の関係によって世界を秩序づける国際社会の構造を問うものとなった。これに対して地球的規模で構築されたネットワーク・テクノロジーは、無限に多様で個性的な人間の活動を、国家をこえた広がりへと解き放つものであり、自覚的な人間と人間の関係を地球的規模で組織する地球社会への道を開くものといえよう[37]。戦後の国際政治は国際社会から地球社会への移行期に成立する政治の枠組みであり、日本はそのような過渡期の形態にきわめてよく適合する構造をもつ国家であった。日本国憲法第九条は、国家の最高法規が主権の発動にきびしい制約を課すことで、核兵器が国家に課した制約を肯定的にとらえ返したものにほかならず、核兵器がつくりだした構造を核兵器なしで継承していく道筋を示すものといえよう。それは核なき世界への出口を示す道標としてある[38]。

冷戦の終結によって核戦争が発生する可能性はほとんどなくなり、軍事力の行使に課された制約も解除されたかにみえたが、冷戦後の世界においても、自己否定の契機を内に含む構造は健在であり、いかなる戦争も「勝者なき戦争」で終わるしかないという事実はなんら変わっていない[39]。むしろそのような自己否定の契機を内に含む構造こそ、冷戦の終結をもたらした要因であった。冷戦の終結は冷戦以前への回帰では断じてなく、核なき世界が近づいたことを示すものと考えるべきであろう。自己否定の契機を内に含む構造をもつ日本は、それとして自覚することなく自己否定の契機を内に含む構造をもつ国際社会のなかに屹立している。そしてそれは現代科学の成果を近代科学の枠組みで管理する構造に呼応する特徴をもつ国家としてある。戦後の日本は地球社会の誕生を予期し、そこに自らの運命を委ねる決意をした国家であった。

六

核兵器の開発を通じて生まれた戦後世界の科学の構造は、核兵器の存在に限界づけられた戦後世界の政治の構造を再生産するための中核的メカニズムとして機能した。それは冷戦構造を支える巨大な軍事的構造を維持するための体制であり、軍事研究に奉仕することを究極の目的として構築された構造であった。そこには純粋の基礎科学と軍事研究が当たり前のように共存する構造があった。戦後世界の政治の構造においては軍事的安全保障が最優先の課題であった。日本国憲法第九条を堅持し、その制約のもとで、自制的な防衛政策と自衛隊のあり方を維持してきた戦後日本の政治のあり方と、日本学術会議の軍事研究を行わない声明のもとで、軍事研究と一線を画することを主体的に選び続けてきた戦後日本の科学のあり方は、軍事的安全保障が最優先されてきた戦後世界の政治と科学のあり方と著しく異なった例外のようにみえる。

戦後世界の科学の構造は近代科学の枠組みで管理された科学の構造の高度に完成された形態としてある。しかしそれは現代科学の成果を導入し、それに媒介されてはじめて可能となった構造であることを忘れてはならない。そこには現代科学の成果を近代科学の枠組みで管理する構造がある。そしてそのような科学の構造は、現代科学の研究を強く促すものとなり、それらの研究成果は相次いで実用化が進められていった。戦後世界の科学の構造は、自らの内部に現代科学の成果を大量に含むものとなっている。そこにはそれとして自覚することなく自己否定の契機を内に含む構造がある。戦後世界の科学の構造は近代科学の地平に成り立つものから、現代科学の地平に成り立つものへと、科学の構造が変容の過程をたどっていることを示すものといえよう。そこに内在する現代科学の成果は変容の過程を駆動する原動力にほかならない。

戦後世界の科学の構造の成立は、現代科学の成果が国家の所有物となったことを意味していた。しかしそれは同時に、国家がそれとして自覚することなく、自己否定の契機を自らの内に抱え込んだことを意味するものでもあることを見落としてはならない。核兵器はそのような自己否定の契機を象徴する存在として、国家の所有するものでありながら、国家をこえて国家を制約するものとなっている。核兵器の存在に限界づけられた現代国家がそれとして自覚することなく、自己否定の契機を内に含む近代国家となるしかないのはそのためであった。それは戦後世界の政治の構造が近代科学の枠組みに呼応する国際社会から、現代科学の枠組みに呼応する地球社会へと変容の過程をたどっていることを示すものにほかならない。[40] 半主権国家としての現代国家はそのような変容の過程に成立する過渡期の形態と考えることができるであろう。

日本国憲法第九条は、戦後世界の政治の構造にそれとして自覚することなく含まれている自己否定の契機を、自覚的な原理として取りだし公然と掲げたものにほかならない。そして日本学術会議の声明は、戦後世界の科学の構造にそれとして自覚することなく含まれている自己否定の契機を、自覚的な原理として取りだし公然と掲げたものということができよう。そこには戦後日本の政治と科学の構造の相呼応する関係がある。[41] 戦後日本の政治と科学の構造は、戦後世界の政治と科学の構造にそれとして自覚することなく含まれている過渡期の特徴を、顕在化して見せてくれるものと考えなければならない。戦後日本の政治と科学の構造は、戦後世界の政治と科学の構造における例外ではなく、むしろその過渡期の形態に秘められている未来への可能性を体現する構造をもっている。それは世界史の進むべき方向を示す世界の道標であった。

戦後世界の科学の構造は、現代科学の成果を近代科学の枠組みで管理する構造をもっていた。近代科学の枠組みは過去に閉ざされており、現代科学の成果は未来へと開かれている。基礎科学と軍事研究が共存する構造は、そのような過渡期の形態としての特徴を示すものといえよう。近代科学の地平に成立する政治と科学の構造は、人間が自然を支配する関係を基礎として人間が人間を支配する関係を組織したものにほかならない。これに対して現代科学の地平に成立する政治と科学の構造は、自然と人間が共存する関係を基礎として人間と人間が共存する関係を組織するものでなければならない。[42]戦後世界の政治と科学の構造は、国際社会から地球社会への移行期に成立する過渡期の形態であった。軍事的安全保障と距離を取り続けてきた戦後日本の政治と科学の構造が、戦後世界の政治と科学の構造に占める位相はもはや明らかであろう。

戦後日本の政治と科学の構造は、戦後世界の政治と科学の構造に秘められた両義性をふまえ、未来への可能性を先駆的に体現する構造としてあった。日本国憲法第九条と日本学術会議の声明は、そのことを証するものにほかならない。しかし戦後の日本はそのことに十分自覚的であったとはいえない。軍事的安全保障を拒否する閉鎖的空間に自足する「消極的平和の思想」はあっても、それをこえて「積極的平和の思想」を実践する姿勢が乏しかったことは否定できない[43]。これからの日本がなすべきことは、憲法九条を改正し、学術会議の声明を見直すことで、軍事的安全保障の領域で積極的な貢献をすることではなく、むしろ九条と声明の理念を地球的規模へと発信していくことでなければならない[44]。日本国憲法の施行から七〇年を経て、九条の存在はますます貴重なものとなっている。いまこそその積極的意義を再確認すべきであろう。

(1) 日本学術会議「軍事的安全保障研究に関する声明」(二〇一七年三月二四日)参照。

(2) 同右、一頁。

(3) 広重徹『近代科学再考』(朝日新聞社、一九七九年)八頁。

(4) 広重徹『科学の社会史』(中央公論社、一九七三年)参照。

(5) 広重徹『科学と歴史』(みすず書房、一九六五年)二〇七—二三二頁、政池明「第二次大戦下の京都帝大における原子核研究とその占領軍による捜査(1)原子核の実験的研究の軌跡」『原子核研究』(原子核談話会)第五五巻第一号、二〇一〇年九月、七六—八九頁、「同右(2)サイクロトロンの破壊」同右誌、第五五巻第二号、二〇一一年三月、八九—一〇二頁、政池明『荒勝文策と原子核物理学の黎明』(京都大学学術出版会、二〇一八年)参照。

(6) 前掲『科学の社会史』二一七—二一八頁、山崎正勝『日本の核開発:一九三九~一九五五——原爆から原子力へ』(績文堂、二〇一一年)七—九三頁、政池明「第二次大戦下の京都帝大における原子核研究とその占領軍による捜査(3)原爆研究の記録——その1」『原子核研究』(原子核談話会)第五七巻第一号、二〇一二年九月、八五—九七頁、「同右(4)原爆研究の記録——その2」同右誌、第五七巻第二号、二〇一三年三月、七六—八九頁、前掲『荒勝文策と原子核物理学の黎明』参照。

（7）日本物理学会は、一九六七年九月、半導体国際会議への米軍資金導入に関して開かれた第三三回臨時総会において「日本物理学会は今後内外を問わず、一切の軍隊から援助、その他一切の協力関係をもたない」という決議（決議三）を採択した。

（8）戦後の日本は、核兵器の存在に限界づけられた戦後の国際政治のなかで、核兵器を保有することなくその本質を体現する存在としてある。それゆえ核なき世界への至近地点に位置するものといえよう。

（9）仁科芳雄については、玉木英彦・江沢洋編『仁科芳雄』（みすず書房、一九九一年）、荒勝文策については、前掲「第二次大戦下の京都帝大における原子核研究とその占領軍による捜査（1）～（4）」、前掲『荒勝文策と原子核物理学の黎明』参照。

（10）湯川朝永百周年企画展委員会編集・佐藤文隆監修『素粒子の世界を拓く――湯川秀樹・朝永振一郎の人と時代』（京都大学学術出版会、二〇〇六年）参照。

（11）拙著『核時代の思想史的研究』（北樹出版、一九八五年）一六二―一六六頁、二三四―二四三頁参照。相対性理論と量子力学の形成過程については、広重徹『物理学史Ⅱ』（培風館、一九六八年）四六―一九八頁参照。

（12）M・S・リヴィングストン『加速器の歴史』（山口嘉夫・山田作衛訳、みすず書房、一九七二年）一―二八頁参照。

（13）前掲『素粒子の世界を拓く』四五―六二頁参照。

（14）井上信「日本加速器外史（その1）」『加速器』（日本加速器学会）第一巻第二号、二〇〇四年九月、一四九頁参照。

（15）前掲「第二次大戦下の京都帝大における原子核研究とその占領軍による捜査（1）」、前掲『荒勝文策と原子核物理学の黎明』参照。

（16）前掲『核時代の思想史的研究』三七頁参照。

（17）井上信「初期サイクロトロン覚え書」（ＰＤＦ）、科学カフェ京都、二〇〇八年一〇月二四日（www.kagakucafe.org/inoue100213.pdf）一一―一三頁参照。

（18）杉田弘毅『検証　非核の選択――核の現場を追う』（岩波書店、二〇〇五年）一三―一四頁、前掲『日本の核開発』三七―四三頁参照。

(19) 前掲『科学の社会史』二二七―二二八頁、前掲『検証　非核の選択』一五頁、前掲『日本の核開発』一八―二六頁、他参照。

(20) 前掲『検証　非核の選択』一五―一六頁、前掲『日本の核開発』四四―五三頁、前掲「第二次大戦下の京都帝大における原子核研究とその占領軍による捜査（3）～（4）」、前掲『荒勝文策と原子核物理学の黎明』参照。

(21) 政池明・岩瀬広「ハイゼンベルグ原子炉の謎」『日本物理学会誌』（日本物理学会）第六九巻第四号、二〇一四年四月、二二七―二二九頁参照。

(22) 朝永振一郎『科学者の自由な楽園』（岩波文庫、二〇〇〇年）参照。

(23) 宮田親平『「科学者の楽園」をつくった男――大河内正敏と理化学研究所』（河出文庫、二〇一四年）参照。

(24) 前掲『科学の社会史』九二―九七頁参照。

(25) 今井隆吉『科学と国家』（中央公論社、一九六八年）二一―一一頁参照。

(26) 前掲『核時代の思想史的研究』三八―三九頁参照。

(27) 前掲「軍事的安全保障研究に関する声明」一頁。

(28) 拙著『全共闘運動の思想的総括』（北樹出版、二〇一〇年）九六―一一二頁参照。

(29) 前掲『近代科学再考』五四―八四頁参照。

(30) 前掲『核時代の思想史的研究』四六―五六頁、一〇三―一一七頁参照。

(31) 同右書、三二一―三二二頁参照。

(32) 拙著『日本革命の思想的系譜』（北樹出版、一九九四年）五―二五頁、四五―八一頁参照。

(33) 同右書、五―二五頁、四五―六〇頁、前掲『全共闘運動の思想的総括』七―一八頁参照。

(34) 近代科学は自然（物体）と人間（精神）の実在的区別を前提として、自然を対象的に認識する体系としてあった。自然は人間の主観から独立かつ客観的に存在する実体であった。人間は自然から切り離された認識主体として、そのような自然の外に立つものと位置づけられていた。これに対して現代科学は自然（物体）と人間（精神）の実在的区別をこえて、人間をその一部として含む自然の姿を明らかにする。人間は自然の一部であり、自然の一部である人間が認識主体として、自らをその一部として含む自然の構造を明らかにする。近代科学は自然を支配する科学であり、自然を支配する科学は人間を支配する科学であった。これに対して現代科学は自然と共存する科学であり、自然と共存する科学は人間と共存する科学でなければならない。

(35) 前掲『全共闘運動の思想的総括』七七―一二九頁参照。

(36) 集団的自衛権のもとに主権を制限された国家は消極的な半主権国家であり、憲法九条のもとで主権を制限された日本は積極的な半主権国家である。憲法九条を改正し集団的自衛権行使を容認することは、積極的な半主権国家としての利点を放棄し、消極的な半主権国家に退行することでしかない。それは世界史の流れに逆行することである。

(37) 前掲『全共闘運動の思想的総括』一三一―一八九頁参照。

(38) 同右書、二五三―二五九頁参照。

(39) 同右書、七―一八頁、一一三―一二九頁参照。

(40) 拙稿「地球社会学の構想――地球共和国への道」季報『唯物論研究』(季報『唯物論研究』刊行会)第一二九号、二〇一四年一一月、九六―一〇八頁(本書、一二二―一四二頁)参照。

(41) 日本学術会議の声明は日本国憲法第九条に呼応するものであり、そこに憲法九条と学術会議の声明を軸として、戦後日本の政治と科学の構造が同心円的関係を形づくっている様子を見て取ることができるであろう。

(42) 前掲『日本革命の思想的系譜』三二一―三三〇頁、前掲『全共闘運動の思想的総括』三六〇―三六三頁参照。

(43) 二〇一七年七月七日に国連総会で採択された核兵器禁止条約に日本は参加しなかった。それは「唯一の被爆国」でありながら核抑止力に依存する「消極的平和」に自閉する日本の姿を象徴するものといえよう。ＩＣＡＮ(核兵器廃絶国際キャンペーン)のノーベル平和賞受賞に対する日本政府の冷淡な反応はそのことを証するものにほかならない。

(44) 日本学術会議の第二四期会長に就任した山極寿一は、就任の挨拶でそうした方向性を明確に示している。山極寿一「第二四期会長就任のご挨拶」(二〇一七年一〇月一三日)参照。

あとがき

本書に収録した各論文は、いずれも二〇〇九年から二〇一七年にかけて執筆し、いくつかの媒体に順次掲載されたものである。それらはそのときそのときに直面した問題群に対するリアルタイムな解析を試みたものにほかならない。

筆者は『核時代の思想史的研究』(北樹出版、一九八五年)、『日本革命の思想的系譜』(同、一九九四年)、『全共闘運動の思想的総括』(同、二〇一〇年)の三部作(以下、初期三部作)において、量子力学(場の量子論)と西田哲学(場所的論理)に通底する構造を発見し、それをふまえた歴史的世界の論理的構造の解明を進めてきた。そこでは核戦略、天皇制、全共闘の解析を通じて、科学と政治をつらぬく論理を探究し、それにもとづく歴史哲学の理論をつくりあげることができた。それは世界史の哲学の誕生であった。

本書に収録した各論文は、いずれも初期三部作を通じてつくりあげられた歴史哲学の理論にもとづいて、そのときそのときに直面した問題群を解析し、そのことを通じて理論の有効性を検証する作業になっているといえよう。本書と同時に北樹出版から刊行される『核なき世界への道』とともに、そのことを確認していただければ幸いである。

本書で取りあげたテーマは多岐にわたり、執筆時期も掲載媒体もそれぞれ異なっている。そのため書式、文体、用語などに揺れがあり、また異なる文脈で同一の内容がくり返されるなど、重複する記述も少なくない。しかしそれらについては、執筆時の論旨の変更となるような大幅な修正や削除、無理な統一は避け、註を補足したほか、最小限の修正や調整にとどめた。各論文の掲載時期と掲載媒体については、巻末の初出一覧を参照されたい。執筆の機会を与えていただいた各位に、この場を借りてお礼を申し上げたい。

最後に、本書の刊行に際しても、初期三部作に引き続いて、北樹出版のお世話になった。記して謝意を表することとする。

二〇二三年八月二五日

内　藤　　酬

◆初出一覧◆

・「広重徹『科学の社会史』——科学批判の原点」
季報『唯物論研究』（季報『唯物論研究』刊行会）第一一一号、二〇一〇年二月

・「内村鑑三と西田幾多郎——天皇制国家における異端の系譜」
『初期社会主義研究』（初期社会主義研究会）第二二号、二〇一〇年六月

・「滝沢先生と私——一九八二年の往復書簡」
『思想のひろば』（滝沢克己協会）第二二号、二〇一一年三月

・「内村鑑三と有島武郎」
『初期社会主義研究』（初期社会主義研究会）第二三号、二〇一一年九月

・「現代科学の自然認識と社会——自然科学と人間をめぐって」
『神奈川大学評論』（神奈川大学広報委員会）第七〇号、二〇一一年一一月

・「巨大科学——国家の枠限界」（対談「震災と日本人」第二回）
信濃毎日新聞主筆・中馬清福氏との対談
『信濃毎日新聞』二〇一一年一一月三〇日、朝刊

・「現代科学の『岩』と『上部建築』——自然認識と研究体制の亀裂」
『千年紀文学』（千年紀文学の会）第九六号、二〇一二年一月

・「現代科学の地平に甦る縄文の精神」
季報『唯物論研究』（季報『唯物論研究』刊行会）第一二二号、二〇一三年二月

・「グローバル化の両義性と歴史の弁証法」
『初期社会主義研究』（初期社会主義研究会）第二五号、二〇一四年五月

・「集団的自衛権行使の虚構と現実」
季刊『ピープルズ・プラン』（ピープルズ・プラン研究所）第六五号、二〇一四年七月

・「抑止力をめぐる言説――平和を守る軍事力の虚構」
『非暴力平和隊・日本（ＮＰＪ）ニューズレター』（非暴力平和隊・日本）第五二号、二〇一四年九月

・「宮崎駿『風の谷のナウシカ』一九八四年――テクノロジーとエコロジー」
季報『唯物論研究』（季報『唯物論研究』刊行会）第一二九号、二〇一四年一一月

・「地球社会学の構想――地球共和国への道」
季報『唯物論研究』（季報『唯物論研究』刊行会）第一二九号、二〇一四年一一月

・「核をめぐる構造の起源――三・一一以降の核」
菅孝行編『叢書ヒドラ』第一号（御茶の水書房）二〇一五年八月

・「核なき世界への出口を求めて――ヒロシマ・ナガサキから七〇年、フクシマをこえて」
季報『唯物論研究』（季報『唯物論研究』刊行会）第一三三号、二〇一五年一一月

・「元始、女性は太陽であった――女神と女帝」
『初期社会主義研究』（初期社会主義研究会）第二六号、二〇一六年六月

・「戦後社会への呪詛――清水幾太郎と保田與重郎」
季報『唯物論研究』（季報『唯物論研究』刊行会）第一三七号、二〇一六年一一月
・「軍事研究と基礎科学――原子核物理学と原爆開発計画の狭間で」
季報『唯物論研究』（季報『唯物論研究』刊行会）第一四二号、二〇一八年二月

著者紹介

内藤　酬（ないとう　しゅう）

1951年生まれ。京都大学理学部卒。同大学院博士課程修了。理学博士。大学院在学中、高エネルギー物理学研究所（現・高エネルギー加速器研究機構）の研究グループに参加し、高エネルギー陽子加速器を用いた素粒子物理学の実験的研究に従事。大学院修了後、防衛庁防衛研修所（現・防衛省防衛研究所）助手として、戦略理論と国際政治の研究と教育を担当。核兵器と核戦略の研究に従事。ライオグランデ大学日本校講師、河合塾小論文科講師を歴任。専攻、国際政治学・現代文明論。戦争と平和、科学と文明、思想と哲学などの問題に興味をもっている。著書に『核時代の思想史的研究』（北樹出版、1985年）、『日本革命の思想的系譜』（同、1994年）『全共闘運動の思想的総括』（同、2010年）、『核なき世界への道』（同、2023年）がある。

地球社会学の構想

2023年12月5日　初版第1刷発行

著　者　内　藤　　酬
発行者　木　村　慎　也

・定価はカバーに表示　　　印刷　日本ハイコム／製本　和光堂

発行所　株式会社　北樹出版

〒153-0061　東京都目黒区中目黒1-2-6
電話(03)3715-1525(代表)　FAX(03)5720-1488

ISBN978-4-7793-0724-9